艺术体育
高校学术研究论著丛刊

网球后备人才综合技能培养与提高研究

刘良辉 熊冲 著

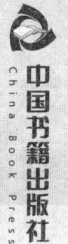

中国书籍出版社
China Book Press

图书在版编目(CIP)数据

网球后备人才综合技能培养与提高研究 / 刘良辉，熊冲著. --北京：中国书籍出版社，2020.8
ISBN 978-7-5068-7974-3

Ⅰ.①网… Ⅱ.①刘… ②熊… Ⅲ.①网球运动－后备力量－人才培养－研究－中国 Ⅳ.①G845.2

中国版本图书馆 CIP 数据核字(2020)第 169447 号

网球后备人才综合技能培养与提高研究

刘良辉　熊　冲　著

丛书策划	谭　鹏　武　斌
责任编辑	成晓春
责任印制	孙马飞　马　芝
封面设计	东方美迪
出版发行	中国书籍出版社
地　　址	北京市丰台区三路居路 97 号(邮编:100073)
电　　话	(010)52257143(总编室)　(010)52257140(发行部)
电子邮箱	eo@chinabp.com.cn
经　　销	全国新华书店
印　　刷	三河市铭浩彩色印装有限公司
开　　本	710 毫米×1000 毫米　1/16
印　　张	17.5
字　　数	310 千字
版　　次	2021 年 4 月第 1 版　2021 年 4 月第 1 次印刷
书　　号	ISBN 978-7-5068-7974-3
定　　价	84.00 元

版权所有　翻印必究

目　录

第一章　网球运动概述 …………………………………… 1
　　第一节　网球运动的起源与发展 ……………………… 1
　　第二节　网球运动的特点与价值 ……………………… 9
　　第三节　网球运动的发展趋势 ………………………… 27

第二章　新时期我国网球后备人才发展综述 …………… 36
　　第一节　网球后备人才竞技能力构成 ………………… 36
　　第二节　我国竞技网球发展强国目标 ………………… 38
　　第三节　我国网球后备人才培养现状 ………………… 47
　　第四节　我国网球后备人才的科学选拔与培养 ……… 53

第三章　网球后备人才知识能力培养与提高 …………… 67
　　第一节　知识能力概述 ………………………………… 67
　　第二节　网球知识构成 ………………………………… 79
　　第三节　网球后备人才自主学习能力的提高 ………… 95

第四章　网球后备人才教学与训练能力培养与提高 …… 101
　　第一节　网球教学与训练的基本任务 ………………… 101
　　第二节　网球教学与训练的原则与方法 ……………… 103
　　第三节　网球教学管理与训练计划制订 ……………… 114
　　第四节　网球教学与训练效果的科学评价 …………… 129

第五章　网球后备人才运动能力培养与提高 …………… 133
　　第一节　网球体能素质培养与提高 …………………… 133
　　第二节　网球心理素质培养与提高 …………………… 158
　　第三节　网球运动员职业精神培养 …………………… 164

第六章 网球后备人才技术能力培养与提高 …… 169
第一节 网球技术基本理论 …… 169
第二节 网球无球技术培养与提高 …… 174
第三节 网球有球技术培养与提高 …… 180

第七章 网球后备人才战术能力培养与提高 …… 202
第一节 网球战术基本理论 …… 202
第二节 网球单打战术培养与提高 …… 215
第三节 网球双打战术培养与提高 …… 229

第八章 网球后备人才竞赛组织和裁判能力培养与提高 …… 240
第一节 网球竞赛规则与裁判法 …… 241
第二节 网球赛事组织与编排 …… 249
第三节 网球后备人才执裁能力培养 …… 262

参考文献 …… 270

第一章　网球运动概述

网球运动是一项绅士运动，它集健身、竞技、休闲、娱乐等特点于一身，在全世界范围内拥有广泛的运动人群基础。网球运动从诞生发展到现在，以其独特的运动魅力吸引了越来越多的人积极参与其中，逐渐发展成为一项名副其实的世界性体育运动。掌握网球运动基本知识体系、了解网球运动发展动态和趋势是对网球运动爱好者和网球运动后备人才的基本知识和素质要求。本章主要就网球运动的基本知识进行系统研究，并对现阶段网球运动的发展趋势进行深入分析。

第一节　网球运动的起源与发展

一、网球运动的起源

（一）网球运动的雏形

网球运动历史悠久，相传，古代网球运动是从波斯湾及古希腊一带发源产生的，到了10世纪左右，开始逐渐传入法国。此后，网球运动开始在法国得到广泛的传播。

12～13世纪时，法国的传教士数量众多，他们致力于将欧洲的宗教和文明等事物传播到各地，包括网球运动在内也是如此。早期的网球运动游戏和之后的网球运动都是由传教士传播介绍到世界各地的。当时，在法国的教堂中生活的传教士为了打发时间，经常在教堂回廊开展一种用手掌击打小球的游戏，称之为"jeu de paume"（法语意为"手掌击球"），即"掌球戏"，之后，这种游戏传入法国宫廷，受到法国王室成员的喜爱，后来经过进一步的发展和传播，成为一项贵气十足的运动项目。13世纪，法国国王路易五世对网球运动进行了定位，即网球是一项王室贵族运动，平民是被禁止参加这项运动的。受此影响，网球运动开始具有"贵族运动"的气质。

在法国王室的影响下，早期的网球游戏在王室成员间很快得到了广泛的发展，成为一项就连初次见到该运动形式的人都乐于尝试和积极参与的球类运动游戏。

早期的网球运动游戏在室内开展，后来人们不再满足在相对狭小的室内开展活动了，于是转到室外继续进行这种游戏。在室外，人们用绳子将场地一分为二，游戏双方相对站在两边的场地上，隔网将小球击来击去，游戏过程十分欢快。

（二）网球运动的诞生

14世纪中叶，法国王储赠送给了英国国王亨利五世一件礼物——网球游戏时使用的球拍。由此，网球运动游戏便传入了英国。不过在英国这种游戏尚未被命名，后来由于该游戏的用球的表面覆盖的是埃及坦尼斯镇所生产的绒布，因此英国人就将"Tennis"（网球）作为网球的名称了。结果这个名字流传了开来，最终成为网球运动的正式名称，流传至今。另一种关于网球命名的说法是，英语中"Tennis"是从法语"Tenez"（运动者发球时提醒对方的感叹词）演变而来的。

"Tennis"作为网球运动的名称被确定下来，标志着网球运动这项新的球类运动正式产生。这时候网球运动的主要价值在于调剂贵族生活。

网球运动传入英国王室后，英国爱德华三世对网球非常感兴趣，于是，便下令在宫中修建一片室内球场，并且对球拍和球进行了改进，即将羊皮来作为球拍的牌面，球也由皮面代替了布面。

但是,这次在球拍上的改进并不理想,使得球拍不仅不美观,重量也有所增加。这是网球运动诞生之后的第一次运动器材上的变革,器材的进步使得网球运动更加有趣也更加科学地开展。

二、网球运动的发展

网球运动历史悠久,其起源与发展可用四句话概括,即其在法国得以孕育,在英国正式诞生,在美国广泛普及和发展,在世界范围内流行。

(一)世界网球运动的发展

1. 早期世界网球运动的发展

随着网球运动的不断发展,网球运动的击球方式发生了一定的变化,即从手掌击球逐渐转变为戴上手套来击球,用球拍击球是最后出现的,与现在的网球运动较为相似。

15世纪,网球运动的器材迎来了第二次比较大的变革。网球游戏的器材出现了一些改进,羊皮纸做拍面的卵形球拍逐渐成为主流器材。不过这种新衍生出的器材的样子看起来并不好看,而且整体重量略重,不利于使用者的携带移动和快速挥拍。不过,器材的改良始终是运动发展的一个侧面,也绝对算是一种进步了。不仅是球拍出现了变化,为了更好地判定球是否过网,减少分歧,原先在中间分隔左右半场的绳子也换成了有很多网眼构成的网子。

网球运动器材的一系列变化,使得网球运动更具趣味性和竞技性,也使得网球运动再次在英国和法国的上层社会掀起运动热潮。由于在很长一段时期内,这种活动在法国和英国宫廷中流行,所以,网球运动被称为"宫廷网球"和"皇家网球",自然就被赋予了高贵的身份。在当时,网球运动的"贵族身份"还表现在,网球运动的器材设备制作成本高,价格昂贵,只有贵族才能支付起网球运动的费用,普通百姓鲜少参与。

2. 世界网球的竞技化转变发展

16～17世纪时,网球运动的游戏性逐渐降低,竞技性显著提高,网球运动开始向竞技化体育运动转变。

为了进一步规范网球运动活动的开展,更多的竞技化元素加入进来,网球运动规则也得到完善,它不再是一种单纯的游戏,而逐渐成为一种竞技比赛形式。在此基础上还制定了标准化规格,建造了专门的球场。

网球的进一步改进是17世纪由英国人实施的。具体来说,主要表现在两个方面:一方面,是将中间的绳子改成了网;一方面,是在球拍上穿上了有弹性的弦线。1873年,网球的打法开始得到改进,这主要是由英国人W.温菲尔德实施的,由此,网球运动也变成了夏天在草坪上的娱乐,因此,被命名为草地网球。草地网球的出现有着非常重要的意义,主要表现在进一步丰富了网球运动的形式,即室外网球由此诞生。

18世纪,网球运动在英法社会的各阶层中开展起来,19世纪网球成为欧美盛行的一项运动。

1873年,英国人首次将网球场地移到草坪上,并出版了《草地网球》一书。这本书在当时就是一本相当系统具体地对当时网球技战术打法进行介绍的实践指导用书。

1874年,网球运动的场地大小和网的高度也得到了改进,并得到了确定。1875年英国人又将最初的网球比赛规则制定了出来。由此,网球运动初具形态。

1877年,英国伦敦郊外温布尔顿设置了几片草地网球总会。同年7月,第1届温布尔顿比赛(草地网球锦标赛)举办。在当时的比赛中单人比赛裁判是亨利·琼斯,另外,其还与另外两个人一起将全新的规则制定出来,为当时比赛的顺利进行创造了良好的条件。第1届温布尔顿比赛标志着网球运动在英国的进一步普及和发展。鉴于亨利·琼斯在推动网球赛事举办中所发挥的巨大作用,他被认为是现代网球的重要奠基人。

首届草地网球锦标赛——第1届温布尔顿网球运动比赛举行,标志着网球运动游戏已经演变成为一项正式的竞技性体育运动项目。

之后,随着英国在全世界范围内的殖民统治和广泛移民,以及商人或驻军等因素的影响,网球运动得到了进一步的传播和发展。加拿大、瑞典、印度、日本和澳大利亚以及南非等其他国家的网球也逐渐开展起来。

3. 世界网球运动的快速发展

体育运动的发展与政治、经济的发展之间具有非常密切的关系,网球运动发展也不例外。

随着世界各国、各地区、各民族之间的政治、经济的来往日益密切,从19世纪90年代中期开始,网球运动在世界范围内迅速广泛发展。

1881年,美国全国草地网球协会("全国"两字于1920年取消)成立,这是世界上第一个全国性网球协会。

1881年8月31日至9月3日,第1届美国草地网球锦标赛(男子)在罗得岛纽波特港举行;1887年,美国草地网球女子单打锦标赛首次举办;1890年,美国草地网球女子双打锦标赛举行;1892年,美国草地网球混合双打锦标赛举行。

这一时期,网球运动在美国的快速普及与发展,与当时的美国总统西奥多·罗斯福非常喜欢网球运动有非常密切的关系。罗斯福为了在全美推广网球运动,大力支持修建网球场、举行网球比赛,日常生活中的罗斯福也经常进行网球运动,因此,尽管受到两次世界大战的影响,很多国家的网球运动都出现了暂停,但是,美国的网球却依然迎来了发展的高峰和极盛时期。

1888年,英国草地网球协会成立,此后越来越多的国家开始成立网球运动协会,推广与发展网球运动。

1904年3月1日,国际网球联合会在巴黎成立,对网球运动在世界范围内的进一步传播和普及奠定了良好的基础,同时,也进一步推动了网球运动在全世界范围内的规范化发展,并积极促进了世界各国、各地区网球交流活动的开展。

4. 世界网球运动的辉煌发展

20 世纪 20～30 年代,网球运动进入了一个黄金发展时期,其中,最具有代表性的当属美国。在这一时期中,很多非常优秀的网球选手诞生。其中,唐·巴基成为历史上第一个获得四大网球公开赛冠军的大满贯选手。

20 世纪 70 年代以后,网球运动得到了空前的发展。这主要归功于美国、俄罗斯、澳大利亚、法国、英国等网球强国对网球运动的推动,这些国家的网球运动不仅竞技水平较高,同时,网球运动的全民化程度也非常高。

20 世纪 90 年代以后,网球运动出现了新的发展趋势。主要表现为:网球技术的完善程度越来越高,网球器材的科技含量得到了进一步的提升,这就对网球运动的发展产生了积极的推动作用,同时,网球运动的竞技性、观赏性不断提升。

进入 21 世纪后,网球运动在世界范围内得到了进一步的普及和推广,各个国家和地区的网球运动竞技水平也有了大幅的提升,世界级球星开始出现,并且呈现出多国齐发展的势头。由此,美国、澳大利亚等少数国家一统天下的局面也被打破。

现阶段,在世界体坛,非常活跃的比赛项目就包括网球比赛。网球运动在世界体育竞赛中的高曝光率、高额赛事奖金,以及网球运动本身所具有的运动特点和魅力,都使得网球运动成为一项世界著名球类运动。

(二)我国网球运动的发展

19 世纪后期,网球运动传入我国,在我国上海、香港、北京、天津、广州等大城市和一些通商口岸城市中相继开展。

1. 新中国成立前网球运动的发展

1910～1948 年,第 1 届到第 7 届全国运动会中,网球运动均为正式比赛项目。但是,由于当时历史条件的制约,受各方面因素的影响,前两届中女子是不允许参加的,第3届开始才允许女子参加。

1915~1934年,我国开始参加网球国际比赛,在此期间,历届远东运动会的比赛中,女子网球队只参加了第6届和第10届远东运动会的表演赛,而男子网球队则都有参加,并且取得了较好的成绩。比如,以邱飞海、林宝华为主力的中国队夺得了第8届远东运动会的冠军。

1924~1946年,中国网球选手参加了六次戴维斯杯网球赛。这一时期,网球水平较高的运动员主要有邱飞海、许承基等,并且取得了不错的成绩。

整体来看,旧中国的网球运动开展时间长,但起点低、发展缓慢,新中国成立之前,网球运动竞技水平虽可圈可点,但与同一时期的网球运动强国相比差距较大,在社会人民群众参与网球运动方面,参与的人数较少,而且水平较低。

2. 新中国成立后网球运动的发展

新中国成立后,网球运动得到了进一步的发展,网球运动作为群众性健身项目得到推广,受到群众的广泛欢迎与喜爱。

1953年,中国网球协会成立,同年,首次全国网球表演赛在天津举办。1956年起网球被列为每年一度的全国比赛项目,规模也越来越大。这一时期,一些高水平的网球运动员涌现出来,其中,较为具有代表性的,男子为朱振华、杨福基,女子则主要是戚凤娣、徐润珍。

1980年,中国网球协会正式成为国际网球联合会的会员,这就在一定程度上推动了我国网球运动水平的提高。

此后,随着我国人民生活水平的不断提高和对健康生活的追求,再加上之后的全民健身的发展,我国参与网球运动的人数越来越多,尤其是在大中城市。为了满足人们喜爱和参与网球运动的需求,国家提出了一系列的支持政策,并且从人力、物力和财力上给予支持,网球运动在我国迅速普及开来。

3. 21世纪我国网球运动的发展

进入21世纪,我国网球运动得到了进一步的发展,训练和竞赛体制也更加完善,这与其遵循网球运动的规律有着不可分割的密切联系。除此之外,通过与本国实际情况的有机结合,我国选手的水平得到了较大幅度的提升,所取得的成绩也越来越好。

2001年第21届世界大学生运动会网球比赛,夏嘉平获男子单打冠军。

2002年,我国女子网球队荣获亚运会网球女单冠军;第21届世界大学生运动会网球赛上,我国选手李娜首次冲出亚洲,是我国网球的历史性突破。

2003年6月,孙甜甜、李婷、晏紫、郑洁首次包揽WTA双打冠亚军。

2004年雅典奥运会上,李婷、孙甜甜勇夺女子双打金牌,取得了令人骄傲、令人鼓舞的成绩。这也标志着中国人第一次在奥运会网球赛场上证明了自己的实力,对于中国网球,甚至对于亚洲网球来说,这都是一个划时代的里程碑,具有非常重要的历史意义。

2006年1月澳大利亚网球公开赛上,中国第一座大满贯赛事的奖杯是由郑洁、晏紫获得女子双打冠军实现的。

2011年,李娜在法国网球公开赛女单比赛中夺冠。2014年1月25日,李娜勇夺澳大利亚网球公开赛女单冠军,成为亚洲首位网球大满贯得主。2014年9月19日,亚洲首位网球大满贯得主李娜正式宣布退役。

2014年2月17日,彭帅正式登上女双世界第一的宝座。2014年6月8日,她夺得法网女双冠军,这是她的第二座大满贯冠军头衔。

2016年初,大满贯澳网赛场上,张帅不仅在首轮击败世界第二哈勒普打破了14次大满贯正赛不胜魔咒,创历史地闯入澳网女单8强。

2017年9月23日,张帅获得广州国际女子网球公开赛女单冠军。

2018年2月4日,WTA国际巡回赛中国台北赛女双决赛,中国组合王雅繁/段莹莹获得本站比赛的女双桂冠。

近年来,随着李娜的退役、一些网球老将年龄的增大,我国竞技网球呈现出青黄不接的局面,但是,我国网球竞技运动和网球健身运动都得到了广泛的发展。随着网球运动的全民普及,网球运动大众健身热潮在我国不断兴起,竞技网球运动员也有不俗表现,一批新的网球新秀正在不断的成长之中,如王蔷、徐诗霖,一些老将也都还在赛场上拼搏。我国网球运动有着广阔的发展空间,相信未来我国的网球运动水平一定会再攀高峰。

与此同时,在竞技网球的引领下,我国大众网球得到了一定程度的普及与发展,网球逐渐进入人民大众的视野和生活,成为深受全民喜爱的一种运动形式,这就进一步促进了网球运动文化的繁荣与发展。此外,随着我国《全民健身纲要》的实施,群众的体育锻炼意识不断加强,网球运动体育基础设施不断改善,大众网球运动在我国掀起了新的运动高潮。网球运动成为当前实施全民健身计划、实现体育强国梦、建设健康中国的重要运动项目之一。

第二节 网球运动的特点与价值

一、网球运动的特点

(一)网球运动锻炼特点

1. 基础广泛

网球运动适宜人群范围较广,男女老少、高矮胖瘦的人都可以参与其中,享受网球运动带来的快乐和益处。网球运动在世界范围内拥有广泛的群众基础。

具体来说,网球运动可参与性强,不受时间、场地、气候、天气、年龄、性别等因素的限制,男女老少均可参与,室内室外均可开展。同时,网球运动又是一项全面的健身、健心、益智运动,再加上其"绅士运动"的称号,吸引着越来越多的人参与网球。

2. 负荷可控

网球运动起源于运动游戏,参与网球运动过程中,运动者可结合自己的实际身体情况和周围运动条件开展运动,例如,运动者可根据自己和对手的技术水平高低和练习内容的难易程度来确定自己的移动范围、发力大小、击球频率、运动节奏等。

在运动形式上,可以两人对抗或四人对打,运动形式和比赛方法均可结合运动者的喜好进行约定,网球运动分为单打和双打两种形式,想要强度大可以选择单打,强度小可以选择双打。

网球运动是一项典型的有氧为主、无氧为辅的运动项目。运动量可大可小、运动时间可长可短,运动强度可调节。

(二)网球运动竞技特点

1. 计分方法独特

网球运动有着与众不同的计分方式。这是网球运动和其他体育运动非常明显的一个不同。

和其他体育运动项目一分一分的叠加累积计分不同,从中世纪开始,网球这种以15分为单元的计分法就开始使用了。

当前,网球运动的计分仍然采取传统计分方法,即在网球运动的每局比赛中,采用15、30、40、平分的计分方法,每盘比赛采用6局形式。

2. 比赛时间不确定

网球运动比赛竞争激烈,有着难以控制的比赛时间。由于网

第一章　网球运动概述

球运动具有与众不同的计分方式,再加上其项目的特殊性,使得比赛中最后的胜负产生较其他运动项目要更难,这需要耗费较长的时间才能得出结果。有的网球比赛可持续进行数个小时。

2010年,温网第一轮,美国人伊斯内尔击败法国人马胡,两人于2010年6月22日18时13分开始比赛,分三天进行,其中第二天,两人连续打了7小时6分钟,这是温网赛场上,也是现代网球运动连续比赛时间最长纪录。

3. 击球快速

网球运动中,对抗双方隔网击球,击球力量大,有着快速有力的空中击球动作。不管是在平时的训练中,还是比赛中,运动员或者网球爱好者要参与网球运动,都必须做到一个非常重要的要求,就是用拍子击空中球或地面反弹球和接对方击球,在空中击球,球速快而有力。

也正是因为网球运动的击球速度快、力量大,相较于其他运动项目来说,使得参加网球运动的人在时间和空间上的感觉更好。

4. 发球多样

网球运动发球技术动作方法多样,这使得网球运动有着独特和多样的发球方法。由于不同的个体,其身体素质和所掌握的网球技术会有差别,因此,发球动作呈现出来的特色也会有一定的差异性,比如,有的运动员对发球的力量较为注重,而有的运动员则对角度和落点的变化更加重视。

5. 比赛强度大

网球运动比赛强度大的特点是由其技术复杂、比赛时间长、比赛节奏快等特点决定的。对于专业水平相近的选手来说,比赛往往会持续较长的时间,因此,这就要求其具有较好的体力,从而保证理想的运动成绩的取得,以及避免不必要伤病的出现。

6. 素质要求高

网球运动对运动员的素质要求较高,具体表现在两个方面:
(1)专项体能素质要求高

网球运动要求运动员具备网球运动专项素质,尤其是网球的比赛强度非常大,对网球运动员的运动素质要求无疑是较高的。
(2)综合心理素质要求高

网球运动要求运动员的素质全面,不仅要具备良好的体能素质,还要具备良好的心理素质。网球运动对运动员的心理素质有着较高的要求。在网球运动或者比赛中,只允许教练在团体比赛交换场地时进行场外指导,其他任何比赛连打手势等动作都是不允许的。因此,这就要求运动员在整个网球比赛过程中依靠个人独立作战,要根据比赛场上情况的变化来及时调整心理状态,从而能够将自身的水平充分发挥出来,从而最终取得比赛的胜利。

在竞争激烈的网球比赛中,特别是在处理关键球的时刻,运动员的心理素质直接决定着比赛的结果,大多数的教练员与运动员都已经充分认识到了心理素质的重要性,并且加强这方面的训练。在比赛的关键时刻,如果运动员的心理素质良好,那么其就能够将自身的技术水平充分或超常发挥出来,给对手造成强大的压力。相反,如果运动员心理素质较差,其就难以稳定地发挥应有的技术水平,从而导致不断失误,输掉比赛。对于水平相当的运动员来说,心理素质水平以及心理调节能力都会在一定程度上影响到比赛的最终结果。

现阶段,国际网坛上,顶尖的优秀网球选手往往是那些技战术技能高超,体能良好和心理素质过硬的运动员。所以,在培养网球运动员的过程中,除了要加强体能及技战术的训练之外,心理素质的训练与培养也是不可忽视的,对球员的心理素质进行科学的培养具有非常重要的意义。

总之,良好的心理素质对于网球运动员来说是非常重要的,要进行重点培养。要想在体育竞赛中取得成功,运动员就要将技战术、体力和心理能力协调配合好。而协调配合好这几方面的能力需要经过长期的训练与培养才能实现。在这几方面素质的培养中,心理素质的培养比较复杂,其与技战术动作不同,属于意识范畴,是无形的,看不到也摸不着。技战术与体能在经过科学与具体的训练之后能够得到提高,但心理素质需在长期的训练中养成习惯才能慢慢地对其进行合理掌握和控制。网球运动员的心理素质培养是一个长期的过程,要求网球运动员和教练员引起重视。

7. 赛事举办频繁

全世界范围内,体育运动项目众多,各种类型、规模、形式、影响力的体育运动竞赛数不胜数,但是,综观世界体坛的所有体育比赛,活跃度最高的当属网球。

网球运动自产生以来,就一直在不断向前发展,并且发展和普及的速度越来越快。另外,随着1968年职业和业余网球运动员均可参加同一比赛的规定发出之后,网球比赛的形式和名目越来越多,举办的次数也越来越频繁。几乎每周都会有世界锦标赛、大奖赛、挑战赛、巡回赛等国际重大网球赛事举行。这就将网球比赛的活跃性与频繁性充分体现了出来。

8. 比赛奖金丰厚

网球运动作为当今世界较为热门的运动项目之一,在竞技体育方面有着丰厚的比赛奖金。

当前,国际网球大赛每年都会举行很多场,并且往往都设有高额奖金,尤其是职业网球运动员被允许参加各种网球比赛后,每年的赛事奖金都在增加。以美网为例,2015年,美网总奖金达到4 300万美元,历史首次突破4 000万美元大关。男女单打冠军的奖金也达到330万美元,较2014年增加了30万美元。很多国际网球大赛对选手参赛资格要求严格,并不是所有的赛事都允许所有人参加的,其对选手的排名有要求,有些顶级网球赛事只允许在世界排名表上排在前面的运动员参加,这样在一年中能够使国际优秀的网球运动员不断地参赛,因此,这就进一步促使选手不断展开竞争,提高自己的排名和积分,从而更好地去参加比赛,以获得比赛胜利,得到巨额奖金。

网球运动比赛的巨额奖金,也是网球备受关注的一个重要原因之一。

(三)网球运动技战术特征

网球运动技战术是网球运动的重要组成内容,是网球运动项目发展的重要标志之一。因此,这里重点就网球运动的技战术特点专门进行分析。

1. 多样性

网球运动历史悠久,在其发展过程中,技战术不断丰富,无论是作为游戏,还是作为正式的比赛项目,它的技战术始终在不断进步和完善,其根本目的就是最大限度地限制对方的进攻以及最大限度地进攻对方。

发展至今,网球技战术多样,种类繁多,应对不同情况的来球都有最为适合的回接方法。例如,最初大多数人为了保证击球力量,会选择双手握拍击球,然而随着运动员身体素质的提升以及技战术的需要,单臂击球技术逐渐增加,特别是有些女运动员也开始尝试使用单臂反手的击球技术,如此就大大提升了反手击球的速率和迷惑性;再如双打中的抢网技术、鱼跃截击球技术,女双和混双中的各种攻防技术、战术方法更是十分丰富多样。

网球技战术多样性的特点始终会存在下去,并且运动员对网球技术的发展还会进行不断地探索。相信随着网球运动的不断发展,还有更多的网球技战术被发明应用。

2. 预判性

网球运动的技战术复杂,赛况多变,球的路线多变,旋转复

第一章 网球运动概述

杂,如此想在这种情况下做出正确的回击以及进行相应的战术调整,就需要大脑首先对来球的属性做一个预判,即能够根据对方的动作特征来预判来球的性质和落点,然后快速移动到位。在网球运动中,预判对于包括网球运动在内的小球运动都是非常重要的环节,甚至每一次回球都是从预判开始的。因此,在网球运动对抗中,对抗双方必须对对方的技战术的实施有一定的预判,以便于提前做好准备。

网球运动者对网球技战术的预判是衡量其网球运动水平的一个重要标准。越是高水平运动员,预判的水平越高,有些运动员甚至在自己回球的时候就已经预判出了对手回球的路线,从而直接移动到预判来球的线路等待击球,如此先人一步的判断当然会占据比赛的主动。对网球技战术预判的准确与否直接关系到运动者在网球对抗中是否能掌握主动权。

3. 协调性

网球运动对运动者的身体素质具有全面的要求,尤其是要求运动者必须要有较好的身体协调性。如在跑动中的回接来球,如连续步法移动过程中的步法衔接等,都要求在规范网球技术的训练结束后加强协调性训练,以便于提高移动和击球的准确、快速性。如果运动员身体协调性不好,直接带来的后果就是会降低移动速度和动作的稳定性,造成回球质量下降,给对手以可乘之机。由此可见,协调性对于网球运动者的重要性。

网球运动的协调性要求表现在多个方面,这种协调是一种综合素质能力,优秀的运动员往往能够将一些刁钻的球以不可思议的方式救起,这是其能够很好地控制自身的身体的表现。优秀网球运动员的身体动作往往潇洒、舒展,给人以美的享受,这是其具有良好协调性的表现。

4. 合理性

网球运动技战术的合理性表现在以下两个方面:

首先,网球运动是一项竞技体育运动,有明确的运动规则,只要参与网球运动,都必须按照网球运动的基本规则要求来,即使是日常的网球运动健身练习,基本的发球、击球方法也必须遵循网球规则要求,不能随意改动。在网球运动比赛中更是如此,运动员的技战术必须严格符合规则要求。网球运动中,运动者的任何技术动作都必须建立在合理的基础之上。

其次,网球比赛节奏快、赛况多变,同一个球有几种处理方式,运动者应选择最佳的一种方法来处理球,有时对于一个回合的击球来说,回球技战术虽然不是最佳,但是就之后的数个击球回合来看,应具有一定的合理性,即更有益于运动者发挥。高水平运动员之所以表现出高水平,其中有一点不能忽视,那就是他们在选择技战术和分配体能等方面都表现出超高的合理性。举例来说,当出现连续底线对攻的局面时,对方一记加力攻反手大斜线,本方尽力移动步法但仍处于受迫回接的状态,此时如果仍选择反手对攻技术显然会对回球的稳定性有所影响,为此,优秀运动员可能首先会考虑将球稳妥地接回即可,于是便会选择相对更为稳妥的反手切削技术,并将球切削至对方反手大斜线位置,如此给对方造成最大的接球难度,此后再伺机寻觅扭转被动局面的机会。这就是一种展现技战术使用合理性特点的过程。

5. 有效性

网球运动技战术拥有有效性的特征。这就是说,网球运动中的多种技战术都有其存在的意义,每一种球的处理都有一种或数种技战术方法,不同的位置、不同的来球,则会需要相应的技术进行应对,总有一种技战术方法对该球的处理是有效的。

运动学研究表明,网球运动的每一次击球都是由身体控制和自身力量控制这两方面决定的,并不是力量越大取得的效果越好,应对力量和身体进行良好的控制,力争每一次击球都能打到球拍的"甜点",如此就代表用最恰当的力打出了最优的效果。对于战术也是如此,需要根据对手的特点和特长技术,选择克敌之短、扬己之长的战术。这些都是网球技战术有效性的重要表现。

6. 发展性

技战术的发展对网球运动的发展具有重要的促进作用。

网球运动技战术经过百余年的发展,水平提升迅猛,并且表现出了诸多典型特征。正是网球运动的技术、战术的不断丰富、演变、变化、发展,才促进了网球运动的不断向前发展。

(四)网球运动训练特点

1. 重视移动训练

网球运动场地不大,但网球运动员在比赛中移动频繁,也需要不小的运动量。网球运动看似是一项用手臂击球为主的项目,但实际上,网球运动的所有技战术实施都是建立在合理移动的基础之上的,在网球训练中的一项原则就是欲动手、先动脚。移动技术是网球技战术的基础。

网球运动对抗实践中,只有及时的移动才能将身体在最短的时间内带到最佳的回球位置,为此良好的平衡和协调就是移动到位的基础素质。现代网球比赛的打法主要有两种,一种为发球上网型打法,另一种为底线对攻打法。无论哪种打法,都要求球员有绝佳的移动能力,如底线左右移动的能力,以及上网时前后左右移动的能力。

现代网球竞争激烈,对网球运动者在场上的准确、快速移动具有更高的要求。当前,网球技战术复杂多变,击球方法多样,在如此激烈的网球比赛中,能够做到不移动就能回接第二拍的几率已经不高了,参与网球,应重视移动技术训练。

2. 女子动作男性化

现代网球运动发展中,女子网球备受关注,主要在于女选手美丽的容貌和高超球技的结合,展现给观众另一种美和技艺的享受。

网球运动中,运动员的力量素质在运动中起着至关重要的作用。现如今,女子选手的身体素质大幅提升,原先女子所不能涉及的技术现在也已经被不少球员掌握,甚至过去一些标准的男性化动作也已经成了女子的普遍技术。女子网坛中的力量派选手有很多,而且占主导地位的也多为力量型选手,女子动作男性化的趋势日益凸显。

例如,有着"黑珍珠"之称的美国选手威廉姆斯姐妹,她们的发球时速最高能达到令许多男选手也咋舌的200千米每小时左右,这是男子网球运动员都无法企及的。尽管女子网坛中占主导的是力量派球员,但也不能忽视技术的重要性,如美国的网球选手威廉姆斯姐妹不仅拥有绝对的力量优势,也拥有与技术型选手同等出色的底线技术,再加上其步法灵活,体能充沛,在网坛长期占据霸主地位。

当前,WTA排名靠前的网球运动员大都属于力量派,从长远发展来看,网球运动中的这种女子动作男性化的趋势将会延续下去,是女子网球发展的重要方式。因此,在网球运动训练中,更多的女运动员采取和男运动员相同的运动方法训练,以缩小同男性网球运动员之间的力量差距,增加在对抗中的优势。

(五)网球运动发展特征

1. 更加普及

网球运动适宜人群较广,因此具有广泛的人群基础。由于网球运动不仅可使运动者消耗多余热量,而且还可使运动者从网球运动中获得极大的乐趣。因此,网球运动受到全世界许多人的喜爱,是一项普及度非常高的球类运动。

此外,一项运动的发展和普及程度如何,可以从国际上该项目协会的会员国的数量来判断。截至2016年,国际网联注册会员国有210个,这一数字代表几乎全世界的国家都加入了这个单项运动组织。其中,中国是近年来网球运动开展得最为良好和顺利的国家,网球赛事不断举办,网球人口逐渐增多,尤其是"健康中国"和"全民健身计划"推广下,越来越多的人重视体育锻炼,越来越多的人加入网球运动健身锻炼的行列。

2. 成才低龄化

网球运动是一项年轻的球类运动,它对运动者的身心素质的高标准要求,表明了年轻人参加网球运动更具身心素质方面的优势。

纵观当前世界网坛,网球球星年龄逐渐呈现出年轻化的特征。众多球星的成名较早,有些甚至在17、18岁的年龄就在某项赛事中击败知名选手一跃进入人们的视野。德国选手格拉芙16岁就跻身世界前列,美籍华人小将张德培16岁夺得法国网球公开赛男子单打冠军;辛吉斯也是在16岁就登上世界女子排名第一的宝座。

3. 场地多样化

早期的正规网球比赛的场地为草坪场地。而在此后的发展历程中,网球场地的材质不断变化,增加了种类。现代正式网球比赛的场地主要有草坪、硬地和红土三种。不同种类场地打球的球性不同,这点主要体现在球在触地后的弹跳线路的不同以及球员步法上面的差异。

目前,世界范围内使用最多的是沥青混凝土涂塑硬场地,场地的特点是球速快,适合进攻型打法;温网比赛场地是草地,场地特点是球速和弹跳规律不同,跑动步法和调整方式也不同,要求运动员具有广泛的适应能力;法网比赛场地为红土场,场地特点是对球员的步法有着较高的要求,使运动员做出更多的大跨步步法,便于运动员大幅度的滑步救到更多角度刁钻的来球。

4. 职业化和商业化

职业化和商业化是网球运动的一个重要发展趋势,也是当今网球运动发展的一个重要特点。

　　网球运动的职业化发展经历了一个曲折发展的过程。在1968年以前,像奥运会这种大型的综合性运动会始终坚持拒绝职业网球运动员参加比赛。然而随着体育的职业化发展,为了保证运动会的质量和观赏性,相关组委会不得不为选手的职业身份亮出绿灯。网球运动的职业性的加强使网球运动竞赛更具观赏性。

　　现代网球竞赛的商业运作日益成熟。当前,世界网球球星众多,每名球星身上都蕴含着巨大的商业价值,为此,这些球员参加的大赛,如四大满贯赛事或其他大奖赛,都有诸多经济元素的加入和影响。

　　网球运动的职业化和商业化是相互影响、相互促进的。商业化的发展更加催生了网球运动的职业化。在现代,一名优秀的网球运动员背后的保障团队就有10余人,这些成员分工有序,各司其职,负责运动员的运动训练、商业开发、资产管理、公关管理、医疗保障、体能恢复以及营养膳食,等等。运动员能够取得成功,与其团队的努力是分不开的。网球运动员取得成功,离不开职业化、商业化的团队运作。

二、网球运动的价值

(一)健身价值

1. 增强个体身体素质

　　网球运动的技术特点和规则对运动者的身体素质有较高要求,在一场有相当水平的网球比赛中,运动员所跑的路程较大,有时会达到一万米,与一场激烈的足球比赛不相上下。在比赛过程中,运动员还要作出及时的判断,不时前进或后退,左移或右转跃起,急停或猛扣等等。网球运动要求网球运动员无论在力量、速度、耐力、柔韧性和灵敏性方面,都必须具备良好的素质。

第一章 网球运动概述

以下就网球运动对人体相关身体素质的促进做详细解析。

就力量素质发展来说,网球运动要求运动员击球有一定的力量,并可促进个人力量素质的发展。网球运动实践表明,经常性地参与网球运动可以增加肌肉体积、增强结缔组织韧度、提高肌群耐力水平和收缩协调性。网球运动过程中,每一次击球都需要运动员具有较强的爆发力,同时,一场比赛下来,运动员的击球动作不断出现和反复,可达上百次,这些运动特点使得运动者的肌肉结缔组织的强韧水平有较强的促进作用。此外,长期参加网球运动的人会在体内储备足够多的肌糖原,网球运动还会使肌红蛋白含量增多,这对于肌肉的储氧能力的提升大有帮助。长期坚持参加网球运动,可使肌肉中线粒体数量增多、血液循环加速、肌肉可以工作更长时间。

就运动者的协调性发展来说,网球运动竞争激烈,运动者的各种击球动作、路线、落地等的控制需要充分动员身体各部分肌肉,才能做好每一次的完美击球,这就需要身体各方面协调配合,长期的网球运动参与能有效提高机体的协调性。

此外,经常参加网球运动,能有效提高中枢神经系统的反应能力,在一定程度上增强人体各方面的协调性和灵敏性,提高人的反应速度。

2. 有效提高身体机能

网球运动有助于提高生理机能水平,网球运动的技术特性要求网球运动参与者必须要动手、动脚、动脑。

从人体的生理各系统入手,对参与网球运动对运动者的生理机能水平的促进和提高作用具体分析如下:

首先,网球运动属于有氧运动,对于改善运动者的呼吸系统具有重要促进作用。网球运动有助于提高运动者身体的有氧代谢率,增加运动者的肺活量,提高肺通气的效率,提高人体呼吸系统的功能。

其次,在网球运动中,球在空中飞行的速度很快,这就要求参与者对来球的方向、速度、落点等全面进行观察,迅速作出判断,并及时采取对策,迅速移动步法,调整击球位置与拍面角度进行挥拍击球。这些复杂的变化要求参与者在参与网球运动的过程中思想集中、反应快,神经系统要处于良好的兴奋状态。

再次,经常参与网球运动的人可表现出心脏肌力增大、心脏体积增大、每搏输出血液增多的现象,可以令心脏工作的效率提高,延长心脏使用寿命。

最后,网球运动可促进骨骼发育,促进骨骼形态和结构的改变,提高骨骼的抗压、抗弯、抗折断和抗扭转等性能。经常参与网球运动可以使骨骼加快生长。事实证明,经常运动的人比不运动的人的身高要高出几厘米。

3. 提高机体免疫力

一方面,网球运动参与能让人始终保持身体健康。经常性地、科学地参与网球运动,可以使身体长期处于积极的良好状态中,提升了自身对于疾病的抵抗力,能够控制体重,延缓衰老,始终保持生命活力。

另一方面,网球运动参与可预防疾病产生和促进伤病的康复。实践证实,网球运动还能帮助降低人体的血脂,防止高血压。此外,网球运动健身锻炼是一种良好的康复锻炼方法,但是应在医师的指导下进行。

(二)健心价值

网球运动有助于运动者的心智发展,促进运动者的健康心态养成、促进情商和智商发展。具体分析如下:

1. 提高专注力

网球运动,它的特点在于球速快、旋转复杂、线路多变。因此,要求运动者具有高度的注意力。这种注意力大多体现在极为细微的动作掌控和手感之中。

第一章 网球运动概述

网球运动是一种需要全神贯注排除一切杂念的运动,在打网球时,需要集中注意力,要认真对待每一个球。尤其是在比赛时,更加要求运动员注意力高度集中。

网球运动过程中,参加网球运动的运动者需要积极调动全身各个部位的肌肉和关节,要在每一个回合中将精力完全集中在判断来球和对手的各种变化上,如在击球时,除了依靠日常反复训练形成的正确技术外,还要依靠稳定的手感,即手上直觉。出色的运动者往往具备积极而专注的态度,这种态度可以让他们从各种比赛困境中摆脱出来,将比赛重新掌控在自己的节奏中。

2. 放松心情

参与网球运动过程中,需要快速奔跑,需要随机应变地击球等,锻炼者可以在运动中充分发泄,可以把生活上、工作上的压力、疲劳、困扰等充分释放,从而达到调节和放松身心的目的。

3. 坚定毅力

网球运动技术难度相对较大,它对手感和控球能力有着较高的要求。初期尝试网球的人往往苦于捡球,如果没有得到正确的指导,会很快失去对网球的兴趣。并且,网球运动对参与者的身体耐力、协调和灵活等素质要求也较高,不下功夫进行练习是打不好网球的。

网球运动技术技能学练过程中,运动者应有充分的耐心,不急躁,体会动作技术的细节,掌握其基本规律。而在掌握了基本技术后,要想向更高级别的技战术发起挑战的话,更不是一蹴而就的。人们将网球运动学习的过程分为三个阶段,即兴奋阶段、痛苦阶段和幸福阶段。要想经过三个阶段,最终成为一个高手,必须持之以恒、循序渐进,付出更多的耐心和不懈的努力。

4. 发展智力

网球运动有助于运动参与者智力的发展,其重要表现在两个方面：

首先，网球运动能增加大脑血氧和营养供应，为大脑高效率的工作提供必要的物质基础。

其次，网球运动不仅是体力的较量，也是对抗双方智力的较量，如何更好地发球、击球、回球以及战术实施等，都有助于运动者观察、思维、创造力等的发展，对于运动者的智力发展十分有益。

5. 提高情商

现代网球运动对抗性强，运动者在参与网球运动过程中，对于其运动能力、意识、交往等各方面的能力的发展具有重要的促进作用，要想表现出良好的运动状态和竞技水平，运动者必须学会如何更好地应对运动及生活中遇到的各种困难，通过参与网球运动能够很好地培养运动者积极、正确处理各种问题的能力。

6. 健全心态

网球运动可促进运动者良好心态的形成，使运动者能始终心态平和、积极乐观。

对于网球学练初期的运动者来说，一些学练者常常被优秀球员的技术所折服，面对优秀运动员的表现和对自身技能提高的渴望，往往产生急躁心理。必须充分认识到，明星球员的技术动作是经过长年累月的训练才取得的成就，而非一般人所能够掌握的。学习网球时，应该以自身的实际情况出发，不应脱离实际，好高骛远。只有脚踏实地进行训练，才能促进自身技术水平的不断提高。对优秀的职业运动员进行学习和借鉴是必要的，但是简单的模仿是学不来的。因此要平稳心态，扎实进取，一步步提高。

对于能长期坚持网球运动锻炼的运动者来说，全身心投入到运动锻炼中去，享受运动快乐、排除一切负面情绪干扰，对焦虑、抑郁的患者能起到长期稳定的缓解作用；还可以使沉默寡言、性格孤僻的运动者积极与人进行情感交流,对于运动者负面情绪是一种良好的抒发和排泄,有助于改善不良心理状态。

(三)经济价值

1. 大众网球健身的经济贡献

就大众网球健身来说,随着现代网球运动的广泛普及和网球文化的深入发展,网球运动逐渐成为具有强大影响力的一项体育产业,其所带来的巨大经济价值反过来也会促进网球运动的进一步丰富和发展。

从大众体育健身消费支出来看,网球运动属于贵族运动,网球运动器材磨损快、更新频繁,单就网球运动产品使用来说,对体育经济产业的发展促进也是具有重要贡献的。

2. 网球竞赛的商业价值创造

就网球商业赛事举办来说,目前,现代网球比赛已进入商业化阶段,对经济的发展、市场的繁荣、效益的产业化起到积极的促进作用。竞技网球商业价值高,一次比赛能给运动员、竞赛组织者、赞助商、体育产业带来巨大的经济收益,还能促进国民经济的发展。

(四)社会价值

1. 改善人际关系

人际交流不止在日常的工作中体现,在学习、生活等各个角落,只要有人的地方就涉及个人与他人的交流问题。网球运动中的沟通对运动者的日常与人沟通是一种良好的锻炼。

网球运动需要有同伴配合完成,两人或多人,与同伴配合的过程,也是人际交往的过程。网球运动可以帮助人们在运动过程中结识更多的朋友。

此外,网球运动本身的娱乐性也使得网球场上的人际交往是在愉快的环境中进行的。人们因为对网球的喜爱而相识、相知,网球场是一个能够加强人们之间交流与合作的场所,因此,网球运动将人们紧密相连。网球运动没有年龄、性别等的限制,网球会使人们相识、交流、交心、知心,人们可以通过网球运动结交众多的网球爱好者,并学会与人相处,进而改善人际关系。

2. 提高道德情操

网球运动是一项绅士运动,经常参与网球运动则有助于人的良好情操的培养。

在网球运动中,要遵守比赛规则,也要尊重对手,这是参加网球运动最起码的行为准则和道德标准。例如,在网球场上,要多用"对不起""谢谢"等礼貌用语;在练球时,当球滚到邻场而邻场正在练球时,要等到死球时才能进场捡球;在比赛过程中,发球之前要注意对方是否做好接球的准备;比赛结束后,不管胜负,都要主动和对手及裁判员握手。这些网球运动中的各种礼仪都对人的道德情操有正向引导作用。

3. 增强国民体质

当前,我国的经济发展水平发生了极大的变化,人们的生活方式也随之产生了翻天覆地的变化。人们的社会生活正在重要的转型时期。现代人休闲时间增多,更多的人开始关注健康,开始重视良好健康习惯和运动锻炼的养成。

网球运动是以有氧代谢供能为主的耐力性练习项目,其消耗的能源物质以脂肪为主。实践证实,一般业余水平的网球爱好者在进行两个小时之后都不会感到太累,再加上网球运动具有一定的趣味性,因此,有助于运动者在轻松愉快的身心状态下完成体育锻炼,有助于培养个人体育锻炼的习惯和终身的网球运动参与,对于增强我国国民体质具有重要的促进作用。

第三节 网球运动的发展趋势

一、网球运动的国际化发展趋势

（一）网球赛事的国际化

现代网球运动发展迅速,并表现出鲜明的国际化趋势,具体表现为网球国际赛事的增多、网球国际赛事的高水平。

目前,网球运动的重大国际赛事中,每年都有6个世界级的网球赛事,即四大公开赛和两个年终总决赛。每年其他著名的赛事都有上百个,如世界系列赛、大师杯赛、大师系列赛、卫星赛、挑战赛等(ATP负责组织),以及WTA负责的四个等级的女子系列赛与WTA年终总决赛,每年,ATP和WTA负责组织的赛事就有130多个,此外,还有国际网球联合会ITF负责女子挑战赛、男子希望赛、巡回系列赛、卫星赛等100多个重要网球赛事。此外,国际上比较著名的网球赛事还有世界少年杯赛、元老赛、世界青年杯赛等。网球赛事之多,每年五大洲的各个角落几乎都有网球大赛举办,可谓"日日有赛事,周周有大赛,月月有精彩",是其他体育运动项目所不能比拟的。

近年来,我国重视网球运动发展,在我国政府与相关组织的不懈努力下,近几年也举办了大量的网球赛事,而且产生了广泛的影响。WTA、ATP负责的赛事有很多在我国均有举办。为了大力发展我国网球运动,我国设立中国网球公开赛(China Open),2004年9月10日到26日,首届中国网球公开赛在北京网球中心举行。赛事组织者的愿望是把China Open打造成为世界网坛的"第五大满贯"。中国网球公开赛和上海大师杯网球公开赛等,以"中国式"魅力吸引了众多国际网球巨星(表1-1),更加促进了大众网球参与的积极性。①

表1-1 历届中国网球公开赛冠军(2004～2019年)

年份	男单冠军	女单冠军
2004	马拉特·萨芬	塞雷娜·威廉姆斯
2005	拉菲尔·纳达尔	玛丽亚·基里连科
2006	马科斯·巴格达蒂斯	斯维特拉娜·库兹涅佐娃
2007	费尔南多·冈萨雷斯	扎维·阿格妮斯
2008	安迪·罗迪克	耶莱娜·扬科维奇
2009	诺瓦克·德约科维奇	斯维特拉娜·库兹涅佐娃
2010	诺瓦克·德约科维奇	卡洛琳·沃兹尼亚奇
2011	托马斯·伯蒂奇	A.拉德万斯卡
2012	诺瓦克·德约科维奇	维多利亚·阿扎伦卡
2013	诺瓦克·德约科维奇	塞雷娜·威廉姆斯
2014	诺瓦克·德约科维奇	玛利亚·莎拉波娃
2015	诺瓦克·德约科维奇	加尔比妮·蒙奎露扎
2016	穆雷	A.拉德万斯卡
2017	拉菲尔·纳达尔	卡罗琳·加西亚
2018	尼克洛斯·巴斯拉什维利	卡洛琳·沃兹尼亚奇
2019	多米尼克·蒂姆	大坂直美

现阶段,我国通过举办这些顶级赛事,网球运动的大众化和竞技化发展均有了很大的进步,未来,网球运动在我国的发展空间将更加宽广,前途也会更加辉煌。

(二)网球人口的国际化

正如前面所提到的,网球运动在世界范围内有较高的普及

---

① 孙宗伟,郭同兵.我国大众网球的功能与发展现状[J].运动,2017(4).

第一章 网球运动概述

度,世界上几乎所有国家和地区都有网球运动组织,这充分说明了各个国家和地区的网球运动参与人数达到了相当的数量,值得政府建立组织以引导和组织网球活动的开展。

目前,国际网球联合会的会员已达到200多个。各国在普及与推广网球运动方面不遗余力,同时,也非常重视对本国和本地区的优秀网球运动员的培养。广大的网球爱好者被网球运动中的文化元素和愉悦大众的精神吸引,因此积极参与其中。网球已成为世界第二大体育项目,仅次于足球。

现阶段,网球运动的全球化发展趋势已经形成,世界范围内群众基础广泛,在未来,网球运动人口还将持续不断增加。

(三)网球观众的国际化

网球运动在世界范围内普及程度高、网球赛事多、网球赛事转播频繁,这些都促进了网球运动在全世界拥有广泛的观众。

以四大网球公开赛为例,每次澳网、温网比赛时,会有50万左右的现场观众,法网比赛现场有40万左右的观众,美网有70万左右的观众。一年中四大网球公开赛的现场观众加起来超过了200万。通过电视观看比赛的观众远远超过这一数据。据美国网协统计,2005年,仅美国观看美网的电视观众达到了8 700万人,收看美网系列赛的电视观众达到4 100万人。

2011年,温网决赛中,李娜与意大利卫冕冠军斯齐亚沃尼吸引了约1.16亿名中国电视观众收看,这场比赛,成为当年中国收视率最高的单场体育比赛,也是中国历史上单场网球比赛电视直播观众数最多的一场比赛。

调查显示,近两年来,随着我国大众对网球关注度的不断提高,大众观看网球赛事的频率也在不断提高,有超过半数的体育大众经常观看网球比赛(图1-1)。[1]

---

[1] 姚方向.我国竞技网球与大众网球协调发展研究[D].武汉体育学院,2014.

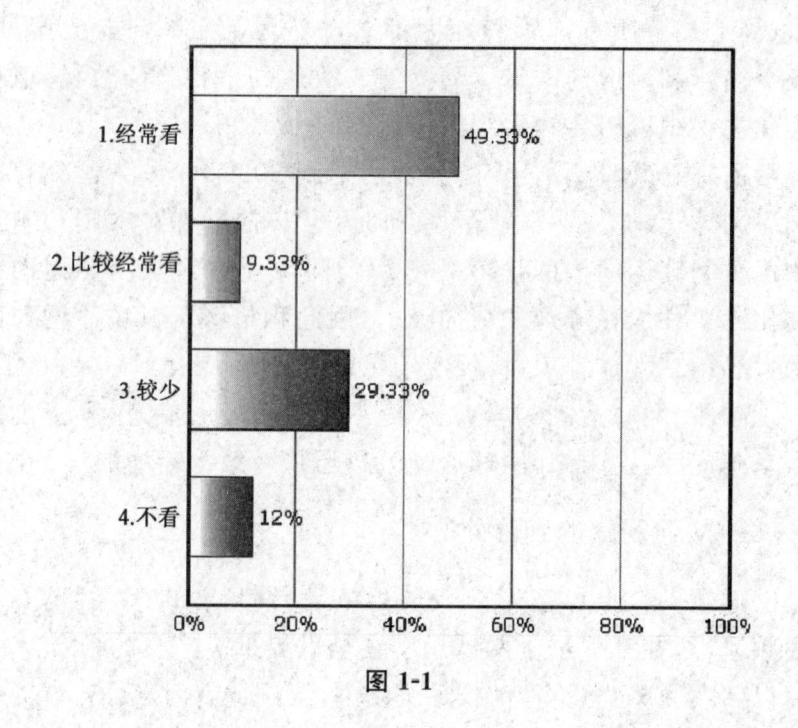

选项	比例
1.经常看	49.33%
2.比较经常看	9.33%
3.较少	29.33%
4.不看	12%

图 1-1

随着现代网络技术的发展,越来越多的观众开始从更先进、快速的渠道来获得网球资讯和观看网球赛事。从全年、全球收视率来说,国际大型网球赛事的全球观众可达十几亿人次,这是一个庞大的观众数据,也反映了网球运动的高普及、广影响。

二、网球运动的商业化发展趋势

(一)网球产品消费

网球运动的相关产品,如球拍、球、网球服等,都属于高消耗品,更新换代快。在世界运动服、运动鞋、球具的市场中,网球的产品向来都是出类拔萃的。

根据网球产业协会统计,每年网球拍、球、辅件等的批发额为3亿美元左右,并有20亿美元左右的网球专用服装销售额。据美国网球协会统计,每年全美大约销售 300 万支的成人网球拍,100

多万支儿童球拍,1亿多个用球。

网球运动产品的巨大输出数额,网球运动产品的高销售量和高销售额不断刷新,也充分表明了网球运动参与人口多,对网球运动的产品需求量大。

随着网球运动的进一步发展,网球产品消费市场将不断扩大,网球产品的消费量和金额将持续增加。

(二)网球俱乐部运营

近年来,我国健身房数量与健身人群持续扩张,成规模的健身房1万多家(对应的健身俱乐部约5 000家),健身人数的增加使得体育健身产业成为我国一个迅猛发展的行业。网球运动俱乐部在我国体育俱乐部中所占的比例虽然不高,但是这一比例正在快速提升,我国网球健身市场前景广阔。

虽然我国网球运动产业处于起步阶段,但是在场馆建设与经营上的成效却很大。以北京为例,北京有很多新建的网球馆,大部分是以会员制的宾馆、饭店来进行经营,而且取得了良好的经营效果。节假日球馆供不应求,每小时收费300元左右,而且即使如此,还是有很多人愿意去打球。

在世界网球强国,都建有许多网球健身和职业俱乐部。以英国为例,英国温布尔顿网球中心就是经营成功的一个典型范例,这个网球中心有几百名会员,他们入会需要缴纳会费,而且这个网球中心每隔几年都会对债券进行出售,会费和债券的销售额是网球中心的主要收入来源。他们将这些收入主要用于维护和保养场地和设备,每年的会费收入和支出都是一笔不小的金额。

(三)网球赛事运作

网球赛事运作对经济的促进作用是非常大的。

就我国来说,21世纪以来,随着ITF、ATP、WTA等顶级或高级网球赛事纷纷在中国举办,我国网球运动赛事不断升级,这不仅促进了我国网球运动的发展,也带动了网球运动赛事运作的经营,并促进了其他相关体育产业的发展,极大地促进了国民经济的发展。

在世界范围内,网球四大公开赛和其他高水平网球运动赛事的举办,营业额都是非常惊人的。据不完全统计,四大网球公开赛的经营额高达10亿美金。大师系列赛中每个赛事有4 000万美元左右的经营额,大师杯赛的经营额超过1 500万。

网球赛事的商业运作,不仅能够取得良好的经济收益,还可以创造许多就业机会,同时,吸引更多的人加入网球运动健身,使经济效益与社会效益得到有机结合。

(四)网球经纪业市场

体育经纪业与职业体育产业的发展与壮大具有直接、重要关系。体育经纪公司和体育经纪人的服务专业,并具有较强的市场拓展能力,可有效推动体育广告业和体育用品业的发展,并促进体育运动的职业化和商业化发展。

网球运动史上,第一个经纪人是查尔斯·C.派尔,他是一名美国商人,也是网球推广者,其最初是苏珊·朗格伦的经纪人。随着职业网球的快速发展,现代网球经纪业逐渐向成熟的发展阶段迈进,获得经纪公司或经纪人的赞助合同的网球选手日渐增多。

三、网球运动的职业化发展趋势

(一)网球组织不断完善

自1912年国际网球联合会成立以来,世界范围内各国家和地区的网球组织相继成立,并积极加入国际网联。

1973年,国际女子职业网球协会成立。国际网联、男子职业网协和女子职业网协是网球运动的三大国际组织,它们有各自明确的职责与任务,共同确保世界网球竞赛的有序开展。

当今世界网球赛事非常活跃与频繁,与国际网球组织的发展是分不开的。各网球组织在推动网球运动竞赛和大众健身方面发挥了巨大作用。

(二)网球比赛职业化

网球比赛的职业化,表现在网球运动员在网球比赛中的表现日益科学化、合理化和专业化。

1. 高水平运动员的网球竞技越来越强调获胜的稳定性

现代网球运动的对抗性很强,攻防转换的速度也很快,稍不留意就会失去得分的机会,网球运动员的稳定发挥是其掌握比赛主动的一个重要基础。

网球运动员在比赛中体能、技战术、心理及意志品质等各方面都综合体现在稳定性上。对运动员竞技状态维持时间进行衡量的一个重要指标就是其所表现出的稳定性。

在网球比赛中,强调运动员的稳定性并不意味着让运动员被动防守或只是处于对等的相持状态。稳定性并不是单纯指某一次击球或比赛中发挥的稳定程度,更多是从运动员主动进攻和在受到制约后积极反攻中体现出来的,是在整个网球生涯与参赛生涯中技战术、心理及意志等发挥的稳定能力。

2. 优秀网球运动员由单一型打法向全能型打法逐渐过渡

网球运动竞争激烈,丰富多样的技战术使得网球运动选手的网球实战能力的提高更多地表现在技战术打法的全面掌握方面。

传统网球比赛中,球员的正手是发挥主导作用的,正手发球、接发球都能够给对方造成强大的压力,同时在运用正手击球的基础上配合使用整套技战术系统,如富于变化的反手、快速的步伐、巧妙的网前截击等。在网球比赛中,正手击球往往都能取得良好的效果,通过这一击球方法所获的得分几乎占到总得分的一半。可以说,强大的正手技能让运动员更占优势。

发展到现在,网球运动比赛中,更多的网球运动员的正手、反手均具有较强的进攻和防守能力。现在的网球运动员对积极主动的全能型打法运用得特别多,他们有丰富多样的得分手段,能够均衡地分布攻击点面。越来越多的球手开始将这种技术与力量的运用结合起来,表现出技术、力量、技巧并重的全能型打法特点。

在未来,随着网球运动的进一步发展,必将有更多的全能型打法的选手出现,这也将使网球竞赛更具竞争性、观赏性。

四、网球运动的现代化发展趋势

（一）赛场新科技应用

网球运动能够成为备受关注的体育项目之一,在很大程度上得益于科技的发展。

首先,20世纪60年代,伴随着影视业的飞快发展,网球运动的发展也有了很大的进步,越来越多的比赛开始利用电视转播。为了使更多观众通过电视转播观看网球比赛,提高观看的舒适度,网球运动还对网球颜色和规则进行了相应改动。

其次,电子"鹰眼"系统在网球运动比赛中的应用,使网球运动比赛更加公平公正。"鹰眼"即"及时回放系统",2001年,这项技术由美国研究人员保罗·霍金斯发明。这是一种高速计算机成像系统,将十几台高速摄影机安装在赛场各个角落,与计算机成像软件相结合之后,网球飞行路线和落点图像就能够快速出现,大屏幕回放图像,裁判员就可以对球的落点进行准确判断了。2003年,澳网对这项技术进行了采用,这是将鹰眼技术运用在网球运动中的第一个大满贯赛事,但当时只是用于转播,并未实现网球比赛现场的使用。2005年美国迈阿密大师赛,鹰眼技术第一次在网球比赛现场得到应用,此后,美网(2006年)、澳网(2007年)、温网(2007年)的网球比赛现场都相继开始使用鹰眼技术。鹰眼技术是网球

第一章　网球运动概述

运动中新的科技革命,极大地增加了网球赛事的魅力。

随着科技的不断进步,在之后的网球赛事中,还会有更先进的技术会不断被发明与运用。

(二)网球赛事直播

大众传播媒介对网球运动的传播具有快速、覆盖广的特点,它通过先进的媒体技术彻底改变了传统体育传播的区域性限制,使得全世界范围的人都能在第一时间接收到最新的网球运动信息和资讯,并能"近距离"地参与网球运动竞赛、网球活动。大众传播媒介增加了网球运动的社会覆盖面。

随着互联网信息技术的发展,越来越多的体育赛事开始通过网络直播,网球运动赛事也不例外。网络直播实现了网球运动观众在任何地方(即使是在上学、上班路上)也能收看网球运动赛事,此外,网络直播平台还能实现观众与赛场现场的交流和互动,这些都使得网球运动与球迷的距离更近。

第二章　新时期我国网球后备人才发展综述

新时期,我国网球运动取得了一定的发展,网球后备人才也不断增加,本章将对我国网球后备人才的发展进行综述,主要包括网球后备人才竞技能力的构成、我国竞技网球发展强国目标的实现、我国网球后备人才培养的现状,以及我国网球后备人才的科学选拔与培养。

第一节　网球后备人才竞技能力构成

一、竞技能力概述

竞技能力,主要是指运动员参加比赛的能力,包括运动员的体能、技术能力、战术能力、运动智能以及心理能力几个方面。其中,体能是其他竞技能力的基础,没有良好的体能基础,其他竞技能力也就发挥不出来。技术能力和战术能力是竞技能力的核心,是决定竞技能力高低的关键所在。运动智能以及心理能力是竞技能力的重要组成部分,在竞技比赛中发挥着非常重要的作用。

二、网球后备人才竞技能力的构成

(一)网球后备人才的体能

在网球后备人才的选拔和培养过程中,体能素质是非常重要的一个考虑因素。一场网球比赛通常持续 2~5 小时,每得失一分平均都在 10 秒以内,每个动作基本都是爆发性运动,每分之间有 20 秒的间歇时间,这就要求网球运动员的体能表现为爆发力强、位移速度和反应速度快以及良好的有氧耐力素质。世界上高水平的网球运动员往往都有专门的体能训练师,他们负责运动员的体能训练,使运动员拥有良好的体能,为其竞技水平的提高打下坚实的基础。因此,体能素质是网球后备人才竞技能力的重要构成部分。

(二)网球后备人才的技术能力

只有拥有高超、全面、稳定的网球技术,才能在网球比赛场上立于不败之地。网球是一项对技术要求非常高的运动,包括发球技术、接发球技术、正手技术、反手技术、网前技术和底线技术、削球技术等,世界上优秀的网球运动员都拥有一些比较独特的高超技术,如费德勒的正手技术达到了炉火纯青的地步,纳达尔的底线上旋球技术也非常突出。因此,对于网球后备人才来说,其技术能力是最重要的竞技能力,没有优秀的技术,是不能在网球场上取得胜利的,技术能力是网球比赛取胜的根本保障。

(三)网球后备人才的战术能力

在竞争激烈的网球比赛中,制定周密的网球战术是取得比赛胜利的关键,由于网球运动的特点,网球战术非常丰富,包括发球战术、接发球战术、打对方反手战术、底线球战术以及上网战术等。在比赛中,通过不断变化的战术,可以打乱对方的进攻和防守节奏,逐渐使对方失去耐心,从而战胜对手。因此,对于网球后备人才来说,必须从一开始就培养其网球战术能力,促进其竞技能力的不断提高。

(四)网球后备人才的心理能力

心理能力是竞技能力中重要组成部分,在比赛中甚至起着决定性作用,特别是对于网球运动来说,更是如此。这是因为,网球比赛耗费的时间比较长,比赛过程比较艰辛,只有拥有强大的意志力和顽强斗志才能在比赛中取得胜利。著名男子网球运动员纳达尔就因为意志力上的坚强被称为"跑不死"的运动员,我国著名女子网球运动员李娜也因为其顽强、不服输的意志品质取得了非常好的网球竞技成绩,成为我国历史上首位四大满贯获得者。可以说,网球竞赛是一场可以称得上为马拉松式的球类竞技运动,需要参赛运动员具有非常好的心理素质。因此,对于网球后备人才来说,培养其过硬的心理素质能力,是提高其竞技能力的关键。

(五)网球后备人才的运动智能

运动智能,主要指的是球场上的智商。我们常常在日常生活中听到某某球员的球商比较高,比如篮球智商、网球智商等,在运动场上智商比较高的运动员其竞技表现也往往比较好。在网球比赛场上,运动员通过观察对手的战术及其变化,及时调整自己在场上的技术和战术,从而战胜对手,是一种运动智能的表现。在网球后备人才的选拔与培养过程中,也要考虑运动员的运动智能,这是决定网球运动员竞技能力水平高低的重要方面。

网球后备人才竞技能力的各个方面是相互联系的,并且也是相互促进的,在培养过程中,要从整体上去把握,在训练方法上不断进行创新,不断提高运动员的竞技能力。

第二节 我国竞技网球发展强国目标

最近几年来,我国网球运动也快速发展,各地开始举办一些网球赛事,但是竞技网球发展水平还不是很高。因此,如何实现竞技网球发展强国的目标是一个值得研究的课题,本节将着重进行探讨。

一、我国竞技网球发展进程

(一)举国体制下我国竞技网球的发展

由于受我国国情以及社会发展实际情况的影响,我国竞技体育是在举国体制的主导下逐渐发展起来的。在举国体制下,我国的一些竞技运动项目取得了非常好的发展,特别是一些奥运会项目更是取得了很好的成绩。

我国的竞技网球也深受举国体制的影响。在举国体制下,我国网球运动员从青少年时期的训练、比赛、管理、奖金分配到退役以后的教育、医疗保障、再就业等均由国家统一管理。运动员从进入少年体校开始,到进入省队、国家队,所有的训练、比赛所产生的费用都由国家承担。这样一方面替运动员解决了物质条件的问题,使有能力的运动员不论自身财力如何均可以从小得到最完善的训练与照顾,全身心地投入训练和比赛;另一方面,政策的支持有助于国家集中有限的人力、物力、财力,给予训练所需要的各方面保障,最大限度地提高训练效率。在一段时间内这提高了我国竞技网球的实力,并且是我国竞技网球发展的重要支撑。但是,随着竞技网球在我国的不断发展,举国体制在竞技网球人才的培养和发展方面,同样也存在着一些劣势,主要包括以下几个方面。

1. 运动员综合素质差

中国的竞技网球运动员在选拔的时候,年龄一般比较小,一旦被教练选中以后,就开始在体校进行全封闭的网球训练、体能训练等,不重视运动员文化课的教育,导致运动员的文化程度不高,综合素质比较差等情况,等到运动员职业生涯结束以后,没有很好的谋生手段。

2. 激励性不够

国外的网球运动员主要是以家庭模式为单元进行的网球训练和培养的,只有取得好的竞技成绩才能获得奖金、积分,才有机会获得商业代言。正因为这样,他们只有不断提高自己,拿下比赛,获得奖金和商业赞助,才能承担家庭支出、教练及团队的工资等。然而在中国,举国体制下的网球运动员进行集体训练,运动员的技战术能力提升较慢,就算在比赛中输了比赛获取不了奖金,也不会影响到运动员。因为我国运动员的经费都由国家支付,这就导致了运动员的自主性、积极性不高,不能很好地促进运动员取得良好的竞技成绩。

3. 没有形成竞技网球产业

举国体制下竞技网球快速发展,但竞技网球在群众中发展缓慢,网球普及度不高,没有形成竞技网球产业,不能为竞技网球提供后备人才支持和资金保障。

(二)职业化发展道路上我国竞技网球的发展

在网球运动管理中心的指导下,我国的竞技网球逐渐走上了职业化发展的道路,主要采用的是"单飞"模式。网球的"单飞"模式指的是,"单飞"运动员脱离了集体训练,脱离了国家安排比赛等要求后,可享受自主选择教练、自主安排训练、自主选择参赛、自主组建团队,并且收入归运动员及其团队所有,只需将商业开发收益的12%和比赛奖金的8%上缴国家。但是当运动员自身的参赛、训练计划和奥运会、联合会杯的比赛发生冲突时,需要服从网协安排,并且肩负为所属省区市全运会等比赛的责任。

实行"单飞"发展模式之后,我国竞技网球取得了较大的发展,并取得了一些历史性的突破。例如,在女子竞技网球中,2004年雅典奥运会上,李婷和孙甜甜获得了女子网球双打金牌,这是我国网球的第一枚奥运金牌;我国女子著名网球运动员

第二章　新时期我国网球后备人才发展综述

李娜分别在2011年和2014年获得了法网与澳网的女单冠军。同时,我国男子竞技网球也取得了一些突破,男子网球运动员的排名不断上升,并获得了一些大满贯参赛资格,极大地提升了我国男子竞技网球的水平和实力。"单飞"发展模式,在一定程度上促进了我国竞技网球的发展,同时也有一定的不利影响,具体表现如下。

1. 促进竞技网球发展方面

随着"单飞"模式的发展,我国女子竞技网球取得了非常大的发展,特别是李娜夺得法网冠军和澳网冠军,全国掀起了了解网球、学习网球的热潮。中央电视台积极转播网球比赛,一些网球运动员也开始代言广告,增加了学习网球的人数,在一定程度上为网球的后备人才培养提供了保障,促进了我国网球运动的商业化、产业化发展。目前,我国已拥有一些非常有影响力的网球赛事,主要包括:中国网球公开赛、上海网球大师赛、广州网球公开赛、武汉网球公开赛、深圳网球公开赛、ATP250成都网球公开赛等。这些大型网球竞技赛事的创立和举办,极大地推动了我国竞技网球的影响力,促进了我国竞技网球的快速发展。

2. 对我国竞技网球发展的不利影响

举国体制下的运动员被要求以国家利益为主,为国争光,运动员的个人利益受到国家利益的牵制,而当运动员可以"单飞",充分自由地追求自己的利益时,往往就只顾自己的利益而不顾国家利益。所以,要引导运动员正确地处理个人、集体与国家的利益关系。"单飞"模式不是适合每一个运动员的,虽然在这样的发展模式下,出现了像李娜这样的成功运动员,但是近几年来,我国女子竞技网球运动员选择"单飞"的人越来越少,男子"单飞"的人更是没有,在一定程度上不利于我国竞技网球的向前发展。

二、我国竞技网球发展的影响因素分析

（一）竞技网球后备人才不足

网球运动是一项"贵族运动",特别是对于竞技网球来说,在前期的训练过程中,网球所需的工具、场地以及训练费用等,都需要投入大量的财力和物力,这是一般家庭承受不起的。另外,随着我国人民生活水平的不断提高,家长越来越重视孩子的教育,希望孩子可以通过各种渠道走上成功的道路,但是希望通过竞技体育这条艰辛道路获得成功的人越来越少,特别是竞技网球的成材率比较低,训练也非常艰苦,进一步影响了竞技网球的后备人才储备。此外,由于我国足球、篮球的职业化程度,要比网球高得多,而且这两项运动所需要的投资,相对而言也不是非常高,这在一定程度上也影响了竞技网球的后备人才发展。

（二）竞技网球的训练方法仍需提高

长期以来,我国竞技网球的训练方法比较落后,没有针对性,训练方法往往是借鉴其他项目的训练方法,没有专门针对网球运动的训练方法和手段,使训练效果大大降低,这在一定程度上影响了我国竞技网球实力的不断提高。

（三）高水平网球教练员的缺乏

由于我国竞技网球起步较晚,高水平的网球教练员也非常缺乏。在网球比赛中,一个优秀的教练员可以很好地调动运动员的比赛状态,根据比赛的实际情况,制定合理的战术,帮助运动员取得比赛的胜利。但是在我国竞技网球领域,仍然还很缺乏高水平的网球教练员,这在一定程度上影响了我国竞技网球实力的提高。

(四)后勤保障不足

现阶段,我国竞技网球的发展缺乏一定的后勤保障,主要体现在科研保障不足,专门的体能训练保障不足,专门的医疗团队保障不足,这些后勤保障上的不足,在一定程度上会影响竞技网球运动员的训练水平和比赛态度,进一步影响我国竞技网球实力的提高。

(五)职业化发展不成熟

网球运动,作为世界上的第二大运动,其职业化发展已经进行了上百年,但是我国竞技网球走上职业化发展道路的时间还非常短,职业化发展的措施还不是很有力,仍处于摸索阶段。虽然有中国网球公开赛、上海网球大师赛这样的顶尖网球赛事,但是其职业化水平跟四大满贯赛事相比,还有一定差距。其他城市的网球公开赛更是刚处于起步阶段,其职业化水平更是需要进一步提高。

三、我国竞技网球发展强国目标实现的策略

(一)举国体制与职业化发展紧密结合

近些年来,随着我国竞技网球的不断发展,特别是实行"单飞"模式后,我国的竞技网球实力在一定程度上取得了一定的发展,但同样暴露了一些问题。综合现阶段我国竞技网球的发展现状,要想不断提高我国竞技网球的实力,应该在坚持举国体制的优势下,结合网球职业化发展的特点,通过各种科学和先进的训练方法和手段,不断提高网球运动员的综合实力。因此,必须走举国体制与职业化发展相结合的综合发展道路。

(二)吸引社会投资,创新管理体制

长期以来,我国竞技网球的发展主要是靠国家财政支持,在

竞技网球后备人才培养过程中,教练员的工资也主要是由国家负担的。但是由于国家对网球投入的资金有限,在一定程度上不能满足教练员和运动员在进行网球训练时的各项开支,同时也没有相应的激励机制,因此不能调动教练员和运动员的积极性。鉴于此,应该积极吸引社会企业的投资,运用市场经济手段来培养竞技网球运动员。

在鼓励社会企业投资的同时,中国网球协会应该不断更新理念,建立新型的管理模式,满足不同投资主体对经济利益目标的诉求。对于不同投资培养方式的运动员,网球协会应该采取不同的管理方式,积极鼓励协会与企业合作、个人与企业合作、协会与外国经纪人公司合作、家庭个体投资等多种运动员培养模式,丰富我国运动员培养模式。

对于完全非国家投入培养的市场化运动员,给予更大的自主权,在注册和参赛上与其他运动员一视同仁,对他们采取市场手段,以契约的形式实现对其有效的管理,在奖金分配方面,完全由其自负盈亏,协会不进行干预。同时,对于职业运动员需要克服高伤病等其他意外风险的需要,通过经济和社会手段,建立运动员个人伤残保险基金等,为其降低风险,从而架起管理部门和运动员之间的桥梁。

对于完全由国家或地方投资培养的运动员,在采取行政手段管理的同时,也要尊重运动员个人对其人力资源产权的共有,对于涉及经济利益方面的问题时,可以将行政手段制度的相关管理办法转接到与运动员签订的协议合同中去,通过法律的手段实施有效的管理。

对于国家和企业(或者其他投资方)共同培养的运动员,要充分考虑双方的共同利益,特别是社会投资主体对经济利益的需求,在运用行政手段管理的同时,要更多地运用法律手段,契约管理明确双方权力责任和利益分配问题,实现运动员为国争光和获得经济利益双目标。

总之,要想真正提高我国竞技网球的实力,必须广泛利用社会上的各方面资源,运动行政、经济、法律等多种手段管理我国竞技网球,从而最终实现我国竞技网球的强国目标。

(三)完善我国的网球竞赛体系

在竞技体育领域,比赛是检验一名运动员竞技实力的最佳舞台,也是提高运动员竞技水平的重要途径,对于竞技网球运动员来说,更是如此。现阶段,虽然我国已经拥有了像中网、上海大师赛等高级别的网球赛事,但是职业赛事数量远远不够。因此,在现有的比赛基础上,应积极支持并帮助有条件的城市适度引进高级别职业赛事,并引进级别适当、数量合理的ITF发展赛事,加大ITF青少年比赛的举办力度,形成全年比赛周期分布更加合理,级别更加清晰,举办时间、地点相对固定的具有一定规模的赛事体系,并逐步形成完善的国内网球竞赛体系。这样有利于为我国网球运动员走出国门、参加更高级别的比赛获得基础排名分,又能引导全国不同训练层面的周期安排,从而更加符合运动员水平提高的需要,使网球运动员逐步实现练有实效,赛有质量,从而最终提高我国竞技网球的实力。

(四)引进高水平的网球教练员

在竞技体育领域,高水平的教练员可以在很大程度上促进一个运动员的成长,网球运动也是如此。如我国著名网球运动员李娜,职业生涯后期聘请了著名的网球教练员卡洛斯·罗德里格斯。这位教练员成为李娜的教练员之后,帮助李娜变得更加自信、更加职业和更加全面。李娜获得澳网冠军,其中教练的作用功不可没。高水平的教练员不仅在技术和战术上能够给球员带来帮助,而且在竞赛心理上会给球员带来非常大的提升。因此,要想提高我国竞技网球的实力,必须不断引进一些高水平的网球教练员。

现阶段,随着网球运动在我国的不断发展,国外一些优秀的教练员也来到我国,开办了一些网球学校。这些教练员的加入以及网球学校的开办,在一定程度上促进了我国竞技网球的发展。

(五)加大对竞技网球的后勤保障力度

随着科学技术以及信息技术的飞速发展,竞技体育之间的比拼,不仅仅是运动员技术的比拼,更是科研、医疗、饮食等后勤保障之间的比拼,因此,要想提高网球竞技实力,必须加大对竞技网球的后勤保障力度。通过搭建优秀的网球科研团队、体能保障团队、医疗保障团队等,为提高竞技网球实力提供良好的保障。

(六)加大对网球场地设施的建设力度

要想成为竞技网球发展的强国,首先必须要有一批高水平的网球场地设施,世界上四大满贯赛事的网球场地都非常宏伟和漂亮,在网球迷中间广为流传。中国网球公开赛的场地也非常有特色,受到了很多网球迷的喜爱,但是从全国网球场地设施的数量和质量来说,我国网球场地设施还严重不足,人们在进行网球健身时,往往不能找到合适的网球场地,不是球场位置太远,就是球场收费太贵,这些都非常不利于网球人口数量的增加以及网球文化的形成,也不利于竞技网球的发展。因此,必须不断加大对网球场地设施的建设力度。

(七)广泛进行竞技网球文化的宣传

近些年来,随着网球运动在我国的不断发展,关注网球运动的人越来越多,但是跟网球、篮球、乒乓球和羽毛球的关注人数相比,网球关注人数是非常少的。关注的人越少,竞技网球的发展基础就越薄弱,就越不利于竞技网球群众基础的发展。这是因为只有拥有了广泛的群众参与基础,才能有更多的青少年参与到网球运动中来。因此,应该采取一些方法和途径,广泛进行竞技网球文化的宣传,如四大满贯举行期间,利用电视、新媒体等途径开展宣传。此外,还可以在中国的一些网球公开赛举办期间进行一些网球嘉年华的活动,并推出一些网球赛事旅游活动,如在中国网球公开赛以及上海网球大师赛期间,通过举办一些活动,吸引各地的人参与到网球运动中来。通过这些措施,不断提高网球运动的影响力,为竞技网球的发展打下良好的基础,最终促进竞技网球向前发展。

(八)开展网球进校园活动

为了促进我国成为竞技网球的强国,必须促进网球后备人才的培养,而体育与教育的结合,是培养网球后备人才最好的途径。通过网球进校园活动,可以为网球在青少年群体中的发展奠定良好的基础,可以通过在校园中举办网球文化活动,职业网球运动员进校园等活动,让更多的青少年喜欢上网球,从而为成为竞技网球的爱好者和参与者奠定基础,为竞技网球文化的形成和发展打下坚实的基础。此外,在学校中,特别是高校中,有一些比较完善的网球场地设施,通过一些管理手段和方法,将校园中的网球场地和设施对外开放,为广大网球爱好者提供网球健身场地,助力竞技网球的发展。

第三节 我国网球后备人才培养现状

一、我国网球后备人才培养模式分析

(一)举国体制模式

我国竞技网球从一开始的时候,主要是通过举国体制模式来培养运动员的。举国体制主要是集中国家的资源,利用相关人力、物力、财力等对网球运动员的集中培养,这种模式为我国培养了一批优秀网球运动员。

（二）家庭培养模式

我国后备人才在培养过程中，家庭是其中一个非常重要的培养主体。家庭培养主要是指网球运动员培养的主体是运动员的家人，主要是一种以家庭为单位投入资金并负责运动员的训练、比赛等事宜的培养方式。在这种培养模式中，家庭成员往往是运动员的教练员。现阶段，我国很多青少年网球选手在进入体校之前，绝大部分运动员的培养都是以家庭培养为主，一些能力比较突出的运动员往往还会较早地拿到赞助费用，包括网球拍、网球鞋、网球服装和一些参赛经费。这在一定程度上缓解了一些具有网球天赋，但家庭条件不是很好的运动员放弃职业网球的道路。

（三）专业网球学校培养模式

随着网球运动在我国的不断发展，我国社会中也出现了一些专业网球学校。这些网球学校是专门从事网球训练、比赛的学校，其网球训练理念先进，训练方法和手段科学。它们一般采用的是与运动员签订合同的培养方式，通常会签订3年左右的合同，在这几年中，运动员要交纳一定的训练费用，合同到期后，运动员可以自行选择离开。目前在我国比较著名的网球学校有超达国际网球学校、中体一方网球学校等。此外，我国于2014年还建成了中国网球学院。中国网球学院拥有四大满贯公开赛不同层面类型的共计40片场地，浓缩了全世界最一流的网球场。2016年，中国网球学院与西班牙桑切斯卡萨尔网球学校合作，共同培养青少年网球运动员。学院的目标就是培养国际化、职业化网球精英人才，这几年来快速发展，为网球后备人才的培养做出了非常大的贡献。

（四）网球俱乐部培养模式

网球俱乐部主要是一种专门从事网球训练、管理、运转的机构,俱乐部培养模式主要是指俱乐部通过选拔一些有潜力的网球运动员以签订合约的方式提供资金来培养网球运动员,并享受运动员赛后奖金的分成及运动员成名后广告和赞助收入的分成。这种培养模式主要是用专门的针对网球的推广与发展所承办的学校或俱乐部来培养运动员。目前,国内俱乐部培养运营最为成功的是北京壹壹贰叁网球俱乐部,其培养出了国内比较优秀的青少年网球运动员王雅繁等,在各类青少年网球赛事中表现出强劲的网球实力。

(五)企业赞助培养模式

企业赞助培养模式主要是指一些著名企业,如耐克、阿迪等企业为了提高企业的知名度,对一些有潜质的青少年网球运动员进行赞助,为其提供相应的训练装备,为其找到合适的网球教练,帮助其成为优秀的职业网球运动员。这种模式只适合那种已经展现出一定竞技实力的网球运动员,不适合大部分青少年网球运动员。

从上述培养模式的现状来看,现阶段,我国网球后备人才的培养模式是多种培养模式相互结合的,该采用以国家培养为主体,网球学校、家庭、网球俱乐部、企业赞助等多方式结合的人才培养模式,从而促进我国网球后备人才的培养。

二、我国网球后备人才的选材现状

目前,我国网球后备人才的选材主要是依托我国的三级训练体制,主要是通过县市级业余体校初步选拔网球人才,输送到省级网球队,是一种自下而上的网球选拔体制。大部分网球青少年在最初的网球训练中,被网球教练发现具有一定的网球天赋,从而跟其家长商量,让孩子走上竞技网球的道路。在选材的时候,教练员往往会考虑以下几个方面的条件:

(一)身体形态方面

由于世界上的优秀男子网球运动员的平均身高在1.83米,

女子网球运动员平均身高在1.7米。因此在选材的时候,我国网球教练都会挑一些瘦长型的选手,身体各部位的比例以躯干短、手背长、骨盆小、小腿长、跟腱薄为佳。

(二)生理机能方面

在运动员的生理机能方面,主要是考察运动员的心率、血红蛋白、视觉、听觉和本体感觉等生理机能。

(三)身体素质

通过一些测试方法来测定运动员的各项身体素质,包括速度、力量、耐力、柔韧性、灵敏等各方面素质,其中比较侧重的是力量素质、耐力素质、速度素质几个方面。

(四)心理素质

随着网球运动竞争的不断发展,心理素质在比赛中的作用越来越明显,因此在选材的过程中,必须对运动员的心理素质进行考察,主要包括对运动员的认知、兴趣、动机、意志等方面进行考察。

总之,现阶段,我国网球教练员在进行运动员选材的过程中,需要参照运动员的多项素质进行选材,才能选出真正符合我国网球训练的后备人才。

三、我国网球后备人才的训练现状

目前,我国各级网球学校在进行训练时,主要采用的是"体教"结合的训练模式。这种训练模式主要是采取上午学习,下午训练的模式,或者是等到放学以后进行训练。在训练的时候,一般都是先进行身体素质的训练,然后再进行正手、反手、发球、截击、高压等技术方面的训练,在年龄大一点的运动员中,还会进行战术训练和心理训练。在后备人才的训练当中,往往会出现一些矛盾,主要体现在以下几个方面。

（一）训练积极性不高

在进行训练过程中，一些青少年运动员的训练积极性不是非常高，在训练的过程中往往没有斗志，训练气氛也比较沉闷，并且不能达到规定的训练强度，不能取得很好的训练效果。

（二）学习与训练之间的矛盾

众所周知，我国运动员在文化学习方面往往不是非常重视。这样不利于促进运动员文化水平的提高，进而让运动员形成较好的心智能力，从而不利于运动员在比赛中及时调整自己的心理状态。学习和训练之间的矛盾体现在竞赛赛制的安排上，很多青少年比赛都是安排在正常的上课时间进行的，耽误了学生的学习时间，非常不利于运动员文化课的学习。

（三）缺乏训练的科学保障

在一些基层体校，运动员仅仅进行相关的技战术训练，由于经费的限制，体校中根本没有科学的训练设备以及专门的体育科研人员，也没有专门的体能训练师等，这些都非常不利于提高网球运动员的训练科学性和训练效果。

四、我国网球后备人才的教练员现状

目前，我国网球后备人才的教练员总体上数量非常缺乏，分布不均匀。由于网球教练员的编制、薪资待遇等问题难以保障，因此，很多教练员都选择到北京、上海这样的大城市发展，基层青少年教练员非常匮乏。此外，我国大部分基层教练员都没有职业网球比赛的经历，其训练理念和方法较为落后，不能跟上现阶段国际网球的不断发展。具体来说，主要表现在以下几个方面：

（一）学历较低，教学经验不足

目前，我国大部分青少年网球教练员的学历都比较低，教学经验还处于积累的阶段,教学经验不是很足。相关资料显示,我国网球教练员具有研究生学历的占到了10%,本科学历的占80%,大专学历的占10%,没有大专以下学历的教练。而我国省市专业队、省级体校、地市级体校、俱乐部及特色学校等网球组织教练员的学历研究生学历仅占1.43%,本科学历的占10%,大专学历的占81.43%,高中学历占4.29%,初中学历占2.86%。总体上看,我国网球教练员学历层次不高且主要集中在中级水平,真正高级水平的教练员比较少。这种情况不利于我国青少年后备人才的培养。

(二)流动性比较大

由于编制和薪资待遇等问题,我国基层青少年网球教练员的流动性比较大,在一些体校中,很多教练都是外聘的,或是兼职教练。这种情况非常不利于对网球后备人才的长远培养,因为运动员的技战术水平需要一定的稳定性,如果频繁地更换教练,非常不利于网球运动员的成长。

(三)职业参赛经验不足

现阶段,我国网球后备人才教练员往往没有很好的职业网球参赛经验,大部分教练员都仅参加过国内的网球赛事,主要是全运会上的网球比赛,全国性网球比赛等。由于我国网球职业化起步较晚,大部分教练都没有能够参加过职业性网球赛事,因此,在进行网球人才培养的过程中,大部分人都只是凭借自己在国内的网球参赛经验,进行教学和训练,其教学训练水平是不高的,不能很好地培养出优秀的职业性网球选手。

五、我国网球后备人才的竞赛现状

这些年来,随着网球运动在中国的不断发展,在中国网球协会的努力下,青少年网球赛事也逐渐多了起来。除了由中国网球协会负责的全国性的比赛以外,根据国际青少年网球比赛的赛制特点,结合我国青少年网球运动的实际情况,中国网球协会还创建了各种针对青少年的排名赛。其具体包括:全国青少年网球锦标赛、全国青少年网球团体赛、全国青少年网球巡回赛、国际青少年网球巡回赛、全国各年龄段网球排名赛(包括10岁组、12岁组、14岁组和16~18岁组)等。除中国网协以外,民间也有很多大型青少年的比赛,其中运作比较成功的有"耐克杯"和"李宁王子杯"。虽然这些比赛为我国青少年参加各项比赛提供了一定的竞赛平台,但是总体来说,赛事数量还是偏少,很多青少年网球运动员都没有机会参加到这些比赛中来,从而导致大部分的青少年网球运动员缺乏比赛的经验,不利于我国网球后备人才的成材。

第四节 我国网球后备人才的科学选拔与培养

一、我国网球后备人才科学选拔的指标

(一)身体形态指标

1. 身体长度指标

网球运动对后备人才的身体长度有严格的要求,对身体长度的测量主要包括身高、上肢长度和下肢长度三个指标。

(1)身高。

我国男性儿童少年身高增长速度最快的时期在12~15岁之间,17岁以后基本趋向稳定。女性儿童少年身高增长最快时期在10~13岁之间,15岁以后基本趋向稳定。选材中根据双亲身高推算,人体身高受遗传因素和环境因素的制约和影响较大,身高的遗传度较高,很大程度上取决于父母的遗传基因,男孩遗传度为75%,女孩遗传度为92%。利用哈费利采克公式,可预测出身

高,公式如下。

男孩身高=(父亲身高+母亲身高)×1.08/2

女孩身高=(父亲身高×0.923+母亲身高)/2

(2)四肢长度。

四肢长度是网球后备人才选拔中经常参考的身体形态指标,一般来说,指间距越大,上肢越长;身高在很大程度上取决于下肢的长度,儿童少年的生长发育过程中,下肢的生长稍早于上肢。在选用选拔指标时,应将身高和肢体长度指标结合起来分析,一般来说,较长的指距有利于运动员增大相应的防守面积。

2. 身体宽度指标

(1)肩宽。

肩宽指个体两个肩峰点间的水平距离,是反映躯干上端的横径指标。在网球后备人才选拔中,肩宽是一个比较重要的体型指标。选拔过程中,通常用(肩宽/身高×100)指数来判断个体肩宽占身高比例关系。一般的,指数大,则说明上体横径大,上体发达,发育较好。此指数增长缓慢,18岁后趋于稳定并达到最大值。

(2)髋宽。

髋宽指个体左右髂嵴的外突点间的水平距离,这是反映躯干下端横径的指标。

体格指数之一(髋宽/身高×100)是用来反映躯干体型特征和骨盆宽占身高比例关系。这个指数在男性儿童少年的7～13岁期间呈下降趋势,14～18岁期间逐渐增大,18岁以后基本稳定;在女性儿童少年的10～19岁期间逐渐增大,19岁后基本稳定。受性别因素的影响,10～25岁女性指数均大于男性。髋宽受遗传因素的影响比较大,在运动训练中不易改变,因此在选拔过程中要高度重视。

3. 身体围度指标

(1)胸围。

胸围的测量应从肩胛下角下缘开始,男性至乳头上缘,女性至乳头上方第四肋骨处,是胸部的水平围长。胸围可间接反映胸廓大小和胸部肌肉发育状况,是体现体型和健康状况的重要形态指标。

胸围是运动员选材中的一个重要指标,常用帕格休指数(胸围/身高×100)和艾里斯曼指数(胸围-1/2身高)来反映个体的胸部发育情况。通常,上述两个指数大,说明胸廓发育状况好,胸腔容积大,肺活量大,运动能力越强。

(2)腿围。

腿围能反映腿部肌肉发育情况,是网球后备人才选拔的重要指标。对网球后备人才的大腿围和小腿围进行测评的指数主要有以下几种:

①(大腿最大围-小腿最大围)-大小腿最大围:反映大、小腿最大粗细的下肢形态关系。

②[大腿最大围/下肢长 A(胫骨点高)×100]:反映大腿围占整个下肢长度的比例。

③[小腿最大围/下肢长 A(胫骨点高)×100]:反映小腿围占整个下肢长度的比例。

需要注意的是,腿围指标不适用于因为早熟(骨龄鉴定)而造成围度增加的儿童少年。此外,对于网球后备人才而言,并非腿围越粗越好,因为腿围过粗会影响腿长,因此,应结合身高综合考虑。

(3)踝围。

踝围是指小腿踝关节上方最细处的水平围长,和踝围有关的身体形态指数主要有以下几个:

①[踝围/下肢长 A(胫骨点高)×100]:反映踝围占整个下肢长度的比例。

②[踝围/小腿长 A(胫骨点高)×100]:反映小腿形态和最细围长的比例。

③(小腿最大围-踝围)-小腿粗细:反映小腿三头肌的发育程度,跟腱清晰而长,踝围小更容易在网球运动中完成各种动作。因此,在选材中应尽量挑选踝围相对较小的儿童少年。小腿肚过

大,踝围粗,跟腱短,小腿曲线不清等,都是不符合网球运动要求的小腿形态特征。

(二)生理机能指标

1. 心血管机能指标

(1)心率。

心率指心脏周期性机械活动的频率,即每分心搏次数。在网球后备人才的选拔中,也可用动脉脉搏测试来替代。根据人体生长发育的基本规律,心率会随着年龄的增长而递减。7~14岁阶段,男孩从每分钟87跳降为80跳左右,女孩从88跳降为82跳。长期从事网球运动训练的青少年,安静时的心率比普通青少年慢,说明其心泵功能储备大,每搏心输出量大。

(2)血压。

血压是指血管内的血液在单位面积内对血管壁的侧压力。通常测量的是动脉血压。网球后备人才的选拔与训练是紧密联系在一起的,在进行血压检测时,也要注意后备人才的心血管功能。

(3)心功能。

心功能指数是指对心脏功能负荷的一种功能测试,心功能指数越小,表明心脏功能越好。网球运动的运动强度较大,对机体有氧和无氧耐力要求较高,因此要求运动员具有良好的心功能。

心功能指数通过对安静、运动后即刻和恢复期心率的变化来测试,这是反映网球运动员心血管机能水平和耐力水平的主要指标。

2. 呼吸机能指标

(1)肺活量。

肺活量是指不限时间地一次性尽力吸气后,再尽最大力量呼出的气体总量。它可反映个体的呼吸肌力量和呼吸器官的发育状况。

肺活量受遗传因素影响较小,遗传度仅为30%,可通过后天的训练而改变。因此,在网球后备人才选拔中对肺活量的测量可放宽要求,只要处于正常值便可。一般的,肺活量与年龄呈正相关关系。肺活量/体重指数是反映肺功能的简易指标,是指每千克体重的肺活量,是网球运动员长时间激烈运动时保证充分供氧的重要前提条件,是网球后备人才选拔的重要指标之一。

(2)最大摄氧量。

最大摄氧量是指在运动强度不断增大而吸氧量保持不变的情况下,机体一分钟内消耗的氧气数量。这一指标可反映个体吸进氧、运输氧和利用氧的能力,而且也是评定人体有氧工作能力的重要指标。

对最大摄氧量的测定要求逐级递增运动负荷,正常情况下摄氧量的逐级增加与心率呈线性关系,当运动强度达到一定程度,摄氧量不再随心率增加而增加时,所获得的摄氧量数据即受试者的最大摄氧量。一般情况下,最大吸氧量越高,有氧代谢能力就越强。最大吸氧量是决定许多网球运动员运动成绩的重要因素。

3. 感知觉指标

(1)视觉。

视觉在一定程度上受遗传因素的影响,色盲为单基因遗传,与生俱来。在网球后备人才选拔中应尽量避免选拔有色盲和视力低下的青少年。

网球后备人才选拔中,除了对青少年的视力有一定的要求外,教练员还要充分考虑青少年的立体视觉。立体视觉是一个反映远距离视觉平衡能力的指标,对网球运动员精细、准确地判断人与球的空间关系和距离具有重要作用。因此,在选拔网球后备人才时要注意选用立体视觉指标进行选拔。

(2)动作频率感觉。

动作频率感觉是反映运动员摆臂与抬腿的动作频率感及最

高动作频率的重要指标。在网球后备人才的选拔过程中,测试动作频率感觉时要注意记录摆臂、摆腿的最高频率及复制误差,频率越高,误差越小,说明运动员的动作频率感越强。

(3)臂、腿动觉。

臂、腿动觉可反映运动员臂、腿本体感觉的准确性,它在网球运动中十分重要,拥有良好的本体感觉对运动员学习运动技术技能有着非常重要的作用,越是优秀的运动员,其本体感觉越准确。臂、腿动觉的测试非常简单,可通过抬手或抬腿(或指定关节角度)的方法进行,先要求受试者达到指定的角度后再重复两遍,然后将受测者眼睛蒙起来,要求其重复之前的动作并一步到位。测出的角度越接近设定的标准角度,说明受试者的本体感觉就越好。

(三)身体素质指标

在网球后备人才的选拔过程中,可通过儿童少年身体素质的现有水平,即起点水平来预测其身体素质的未来发展水平。一般来说,运动素质起点水平高,则发展潜力大,有望达到较高水平;而运动素质起点水平低,则说明发展潜力小,未来可能难以达到高水平。因此,在网球后备人才的选拔中要注意身体素质的发展水平。对网球后备人才的身体素质进行测评的指标具体有以下几种:

1. 力量素质指标

网球运动对运动员的爆发力要求较高,因此爆发力是选拔后备人才的重要指标之一。爆发力是指已经开始增加张力的肌肉继续以最短的时间发挥肌肉力量的能力。爆发力的测定可采取原地纵跳摸高、立定跳远等方法。

2. 速度素质指标

速度是人体快速进行运动的能力。速度素质的表现形式主要有三种:反应速度、动作速度和位移速度。在进行网球后备人才的选拔过程中,要对网球后备人才的速度素质进行测定。

(1)反应速度。

反应速度的测评可以采用简单反应时的测试方法。在进行测试时,受测者坐在仪器前,面对信号盒。测试人员发出预备口令时,受测者注意信号盒,准备对刺激(灯光或声音)作出按键反应。约2秒钟后,测试人员呈现信号,受测者一旦看到信号灯,就立即作出按键反应。视、听反应各测5~10次,求平均数,以毫秒为单位。在网球后备人才选材中,反应时越短越好。

(2)动作速度。

测定动作速度需要配备专门的测试仪器,如无专门仪器测试,可让受测者在一个较短的规定时间内,连续反复做一个动作,记录下在规定时间内的动作次数,就可以测出动作速度。规定时间不宜过长,一般在20~30秒钟之间,这样就可以排除速度耐力和力量耐力等其他因素的影响,正确测试出动作速度。

(3)位移速度。

位移速度受遗传因素的影响较大,后天训练不易改变。网球后备人才选拔中,通常用测50米跑的方法来判断运动员的位移速度。

3. 耐力素质指标

在进行网球后备人才的选拔过程中,耐力素质的常用测试方法具体如下:

(1)定距离计时跑。

①400米跑(50米×8次往返):测试时,受测者3~4人一组,采用站立式起跑,听到口令后开始起跑,往返8次。往返跑时逆时针绕过竿。受测者穿跑鞋,跑时不得碰竿、扶竿和串道。测试人员发出起跑口令时,计时者开表计时,受测者胸部到达终点时停表。

②800米跑、1500米跑:3~4名受测者为一组,做好站立式起

跑姿势,听到测试人员口令后立即起跑,直至跑完全程。受试者跑完后,不要马上停止或坐下,以免发生意外伤害事故。测试人员发出起跑口令时,计时者开表计时,受测者胸部到达终点时停表。

(2)定时计距离跑。

定时计距离跑具体是指在规定时间内尽可能跑较长的距离。常用的测试方法有9分钟跑、12分钟跑、15分钟跑等。测试时,受测者站立在起跑线后,听到发令者的发令后,以最快的速度坚持跑9分钟(也可以是12分钟或15分钟),由计时者记录受测者在9分钟(12分钟或15分钟)内跑完的路程。记录以米为单位,不计小数。

4. 柔韧素质指标

网球运动对运动员的柔韧素质要求比较高,这是因为在网球运动的比赛场上,打过来的网球速度非常快,运动员只有拥有良好的身体素质才能接住球。网球场上经常可以看到一些运动员的滑步救球动作,这些都需要非常好的柔韧性。因此,在进行网球后备人才的选拔过程中,必须对柔韧素质指标进行测量。青少年运动员的柔韧素质通常比较好,可以通过一些柔韧素质的测试仪器来测量柔韧素质的指标。

5. 灵敏素质指标

网球运动对灵敏素质指标的要求不是非常高,但是,具有良好灵敏性的运动员,在场上的灵活性和机动性更强,可以帮助运动员打出一些具有较高难度的球。在网球后备人才的选材中,常用的灵敏素质测试方法主要有以下两种:

①立卧撑:测量迅速、准确、协调地变换身体姿势的能力。测试时,受测者取立正姿势,听到测试人员开始的口令后,双手于脚尖15厘米处扶地成蹲撑,双腿向后伸直成俯撑,再收腿成蹲撑,然后还原成立正姿势,即完成一次动作。开始和结束部分时的身

第二章 新时期我国网球后备人才发展综述

体必须呈立正姿势,背和腿伸直。连续做10秒钟,记录合格的动作次数。

②12分钟跑:测试开始后,受试者以站立的姿势起跑,绕跑道跑12分钟。当听到"停跑"的命令后,计下受试者所处的地点,然后测量其距离。测一次。

(四)网球技术指标

在进行网球后备人才的选拔中,网球技术指标是非常重要的一个指标,只有拥有比较扎实的网球技术,才能在今后的训练和培养过程中,更好地进步和成长。在进行网球技术指标的测定时,需要从以下几个方面进行:

1. 发球技术

在网球比赛中,发球技术是取得比赛胜利的关键,因此,在进行网球后备人才的选拔时,要对发球技术进行测试。青少年球员的发球力量往往不是非常好,因此,在进行测试时,重点对运动员的发球动作进行观察和测试。同时,要对青少年的一发成功率进行测定,一发成功率比较高的运动员,发球技术的基础比较好。

2. 接发球技术

在网球比赛中,接发球技术是非常重要的一项技术,好的接发球技术可以直接得分或者让自己在比赛场上处于优势。因此,需要对运动员的接发球技术进行测试。

3. 正手技术

在网球比赛中,正手技术是最常用的技术,良好的正手技术是保障一名网球运动员不断进步的基础。因此,需要对运动员的正手技术进行测试。

4. 反手技术

在网球运动中,良好的反手技术是反映一名运动员网球技术水平高低的重要指标。因此,需要对运动员的反手技术进行测定。

5. 网前技术

在网球比赛中,网前技术是一名运动员的重要技术。具有良好的网前技术,可以帮助运动员在比赛中调整自己的战术,并且丰富自己的战术,从而取得比赛的胜利。因此,需要对网球后备人才的网前技术进行测定。

(五)网球战术指标

在进行网球后备人才的选拔过程中,虽然青少年网球运动员还没有形成较好的战术,但是优秀的青少年网球运动员已经初步具备了较好的战术意识,在比赛过程中,也初步开始运用一些简单的网球战术。因此,在进行网球后备人才的选拔过程中,应该对网球战术指标进行适当考量。

二、我国网球后备人才的培养策略

在对网球后备人才进行培养的过程中,应该采取以下策略:

(一)制定可行的网球后备人才培养目标

制定一个切实可行的培养目标,是网球后备人才培养工作中的重要环节。在具体的培养过程中,教练员对每名球员都要制定明确而实际的培养目标。这是因为每名球员都存在着较大的差异,参与网球运动的动机、训练的水平、身体素质等都有不同。例如,有些网球后备人才是因为对网球感兴趣才参加训练的,而有些可能是在父母的要求下参加训练的。无论是出于哪种原因,一旦成为球员,教练员就有责任帮助其制定和实现目标。

网球后备人才在生理和心理上也存在着较大的差异,这就要求教练员在进行培养时,要设计出适合不同后备人才的训练体

第二章 新时期我国网球后备人才发展综述

系,并注意不同年龄阶段后备人才的训练内容和要求。无论是对哪一个年龄阶段的球员进行训练,在安排和培养目标上都要具有针对性。网球教练员在培养过程中,要采用多种方法,结合后备人才自身的特点进行。

(二)专门出台网球后备人才培养的政策

我国网球运动起步较晚,因此在网球后备人才的培养过程中,应该专门出台网球后备人才培养的政策,从宏观上为我国网球后备人才的培养提供支持,从资金、土地、税收等方面给予政策上的支持,为网球后备人才培养提供坚实的保障。

(三)积极引入社会资本,不断对培养模式进行深化改革

这些年来,随着我国网球运动的不断发展,越来越多的人开始关注网球运动,练习网球的青少年也越来越多,为我国网球后备人才的培养提供了一定的人才基础,但是网球运动是一项资金投入比较高的运动,这就需要社会资本的进入,因此,应该积极引入社会资本,对一些网球运动员或者网球队进行赞助支持,从而为运动员参加训练和比赛提供良好的资金支持。

目前,我国网球后备人才的培养模式主要还是以"三级训练网"为主,这样的培养模式比较单一,不利于网球运动员的长期发展。因此,为了促进网球运动员的可持续发展,需要不断对网球后备人才的培养模式进行深化改革,积极发挥网球学校、网球俱乐部、家庭的作用,建立一种复合的"体教结合"、俱乐部与学校结合、俱乐部与体校结合的多元培养模式,探索出真正适合我国网球后备人才的培养模式。

(四)制定科学合理的选材方案

网球运动员的选材对网球后备人才的培养非常关键,因此,应该制定一套科学合理的选材方案。首先,要积极扩大网球后备人才的选拔范围,不能只到体校去进行选材,同时还要去一些网

球学校和网球俱乐部进行选材。此外,要不断更新网球后备人才选拔的指标,根据网球运动发展的趋势进行合理选材。要成立由网球教练、体育科研人才共同组成的选拔团队来进行网球后备人才的选拔工作,结合运动员当前的竞技成绩和发展潜力,合理地进行运动员的选材。

(五)创造良好的网球训练氛围

在网球训练的过程中,教练员要密切关注青少年球员的兴趣,努力创造一个比较有趣的训练氛围,以提高青少年参与训练的积极性。在训练的早期阶段,教练员不要过多地对运动员的网球技术和战术作太多要求。这一阶段的主要任务是让球员了解和熟悉网球的各种规则和要求。

对网球后备人才进行培养时,不要过分追求运动员的比赛成绩和结果,而是要注意运动员的场上表现。教练员应该对网球后备人才的训练结果给予积极的鼓励,为他们创造一个比较宽松的训练氛围,这样有利于后备人才自信心的增强。

(六)不断提高网球教练员的能力和水平

1. 提高执教能力

在培养网球后备人才的过程中,教练员要注意提高自己的观察能力和思考能力,这对于提高自身的执教与执训能力大有益处。教练员要选择适合运动员身心发展特点的练习活动,每开始进行一个新的练习,都要仔细观察队员们对这项练习的反应和能够承受的负荷与强度。通过多方面的观察,进一步提高自身的思考能力,以便及时发现网球训练中存在的问题,从而尽量去改善练习方法的不足,以达到更好的训练效果。另外,教练员还要结合运动员的具体实际,设计出一套有效的训练方案,以激发运动员参加训练的兴趣,进而提高其网球运动训练水平。

第二章 新时期我国网球后备人才发展综述

2. 提高网球专业水平

要想提高网球后备人才的训练水平,教练员首先就要具备全面而丰富的网球知识和较高的网球专业水平,这就需要建立一个教练员培训部门,对教练员进行系统、正规的培训和管理,只有达到合格标准的教练员才能从事培养网球后备人才的工作,以保证网球培养与训练工作的质量。教练员要充分利用培训的机会,促进自身专业水平和执训能力的不断提高。

(七)不断完善青少年网球竞赛体系

让运动员参加更多的比赛,是保障运动员不断提高运动水平的重要手段,现阶段,我国青少年网球赛事比较匮乏。因此,必须不断完善青少年网球竞赛体系,为青少年提供竞赛保障。可以从以下几个方面进行:

1. 积极引进国际性青少年赛事

现阶段,我国的国际性青少年网球赛事非常少,应该积极引进国际网球联合会旗下的国际青少年巡回赛,为青少年参加网球比赛提供高水平的竞赛平台。

2. 加大对青少年赛事的市场开发力度

近几年来,我国大型网球赛事取得了非常好的市场开发效果,如中网、上海网球大师赛等,但是青少年网球赛事的市场开发力度非常薄弱。通过积极进行商业运作和开发,可以为青少年赛事的举办提供足够多的资金支撑,从而保障赛事的顺利进行。

3. 对青少年的参赛年龄进行监管

在我国青少年竞技体育比赛中,常常会出现年龄造假的情况,为了净化青少年网球比赛的竞赛环境,应该对青少年的参赛年龄积极进行认证和监管,保障赛事的公平公正进行。

(八)培养网球运动的群众基础

1. 积极进行网球运动文化宣传

现阶段,虽然我国网球运动取得了一定的发展,但是与篮球运动、足球运动相比,以及与我国逐渐庞大的中产阶级相比,我国的网球运动文化还远远没有形成,而没网球运动文化的支撑,就不利于网球运动后备人才的培养。因此,应该积极进行网球运动文化的广泛宣传,可以通过电视转播、新媒体网络、广播等途径让大众认识和了解网球运动。

2. 加强网球场地设施建设

现阶段,我国体育运动的场地设施非常缺乏,网球场地设施更是缺乏,而在进行网球后备人才培养过程中,需要强有力的场地设施来保障青少年后备人才的训练,因此,应该加强网球场地设施的建设。

第三章 网球后备人才知识能力培养与提高

尽管网球运动已经在我国开展多年,但我国网球水平与世界先进水平相比差距仍比较大,为了赶超世界先进水平,急需储备高素质的网球后备人才。从可持续发展的角度看,充足的网球后备人才是一个国家网球发展的基础和核心驱动力,而人才储备的质量,又直接影响到整个国家的网球竞技水平。人才的产生需要优良的土壤,在行之有效的培养模式下,培养后备人才的各种能力。其中,知识能力是网球实现可持续发展的基本资源。为此,本章深入研究了知识能力,分析了网球知识的构成,提出提高网球后备人才自主学习能力的方法,为网球后备人才综合技能培养与提高研究提供参考。

第一节 知识能力概述

一、知识能力的概念和本质

(一)知识能力的概念

知识是能力的基础,知识作为能力的含义不仅包含了科学的力量,还包括艺术、宗教的力量,一切新型的劳动工具、方法途径,成功人士所具有的能力,都可以成为知识。

知识具有静态性、本体性以及动态性的特征,知识在使用的时候会发挥具有的价值。知识具有类似于光一样的两重性,一种光是粒子型,一种光是波,实体知识是人们学习东西的总和,知识就是某种实体存在。

知识可以被某人或组织所拥有,体现了知识产权的合理性。知识实体化使得知识的转移、传承成为现实。从过程来看,这体现了知识的动态性,如知识的学习、创造、运用等。知识在个体和组织间不断转化,产生了管理知识和沟通交流的问题。

核心知识竞争力和核心运作能力是鉴别组织的主要内容,核心知识竞争力是对特定事物来说所具有独一无二的专长、知识和技术知识的范畴,是企业工作内容或主观条件的主要内容。核心运作能力是企业能够高速发展,高效率生产产品和服务的过程,是企业成功的常规能力。

知识能力包含了三个方面的内容。首先是组织所拥有的基础资源,包括知识资源、沟通能力、结构资本等因素,这些因素所形成的能力就是基础资源能力,是知识能力的基础部分。其次,组织对这些基础资源进行管理、协调,使其不断更新,适应外界环境动态发展的能力,被称为是知识运作能力。最后,上述两个方面和外界之间的互动,称为知识机制。这三个方面的内容相互影响,互相促进,共同反映出组织的知识能力(图3-1)。

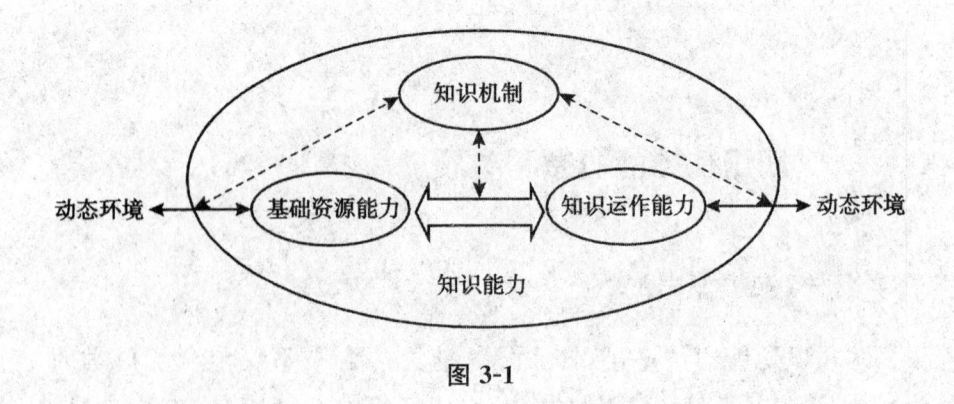

图 3-1

（二）知识能力的本质

知识能力的表现形式是格式化知识、信息、管理，知识能力的载体是人，人运用知识的对象是操作工具，知识能力的内涵是知识体系，知识体系所附着的载体通常是人、组织和机制。企业知识能力的表现形式是独特的资源与能力，载体是整个组织，独特能力通过决策和资源获取、保存而来。知识能力通过企业的研究、生产和营销等开发活动表现出来。

企业知识能力的表现形式主要有格式化知识、专长、资源等，不同形态的知识能力存在于人、环境、资源等不同载体中，多种表现形式属于企业的知识和资源。

资源包括组织内部资源和组织外部资源两种，组织外部资源存在于外部环境中，并不具有某种组织特殊的特点。由于市场不完全性和稀缺性的特征，不同企业获得稀缺性的机会并不相同，获得稀缺性的机会也不相同，但是在谁可以获得的问题上，不同组织之间并不具有天然的不平等性。

不同组织在自身知识和能力上的不平衡性，致使组织获取资源和利用决策上具有不平等性，对于稀缺资源的获取和利用具有异质性的特征，根本原因是不同组织之间的知识和能力之间的差别。企业外部资源决策的前提是组织内部资源的分析，由于外部资源自身并没有某一组织所具有的特征，因此，只有当外部和内部资源相互作用后，整合资源才具有企业的特性。

根据内部资源的特点，开发外部资源，是企业知识能力的外在反映，决策的前提是企业知识和能力的积累，企业知识能力的本质是作为企业资源一种独特形式的知识。

企业通过组织和个人学习获得具有特点的知识，通过和外部环境的交流，挖掘和利用外部知识，和内在知识相结合，获得外部知识加工企业自身所特有特性，使其具有的知识具有不可模仿性和稀缺性的特点。

二、知识能力的特点

（一）适应性

知识能力中最突出的特点就是适应性，系统中的知识要素需要和环境进行交流，在交流的过程中可以和上一层次涌现出全新的结构，如新层次的产生和分化，新聚合的形成等。

外界环境出现变化后，知识能力系统的内部结构也会出现变化，从一种状态转化到另一种状态，转化过程中都包含了能力结构的调整和优化，动力基础就是为了适应企业所处的动态环境。

知识能力的适应性转化过程会增强自身结构对环境的适应能力，提高运作的效率。提高效率具有不可逆性，整个过程呈现出明显的正反馈自我强化效应，引发新的运行效率，提高环境适应能力。

（二）整体性

整体就是相互依赖的各部分通过一定的形式所组合形成的系统框架。知识能力是一个知识整体系统，具有整体性的特征，由能力构成要素以及要素之间的关系构成。

（三）动态性和静态性

在其他条件相同的情况下，所拥有的知识存量越多，知识能力就越强，当这个组织拥有相同知识水平的存量后，组织运作知识存量的能力就越强，组织的能力也就越强。

企业知识能力基础的知识存量就是知识能力的静态性特征，对知识存量的运用，涉及知识存量的递增和重组，是企业及个体对知识运用的积累和转化过程，是知识能力的动态性特征。

知识能力的动态和静态特征都非常重要，企业如果只有动态知识能力,没有静态知识的积淀,企业就不能实现自主创新的发展。如果只有静态积累,缺乏动态组合,那么企业的知识能力就失去了活力,以凝固状态保存下去。

（四）交互性

知识能力系统是一种开放发展的系统,存在于特定的环境之中,和环境中其他要素之间相互作用,通过交换物质和能量,保持系统的常态运转。

系统和环境之间存在一个边界,边界所起到的主要作用,是系统和外界发生能量转换、信息交互等动态关系,吸收对系统有用的物质、能量和信息。

（五）路径依赖性

企业以往积累的知识会对其以后的知识选择产生影响。企业的知识存量表现为具有路径依赖性的动态增长过程,企业知识能力增长受到知识存量增长的限制。表现出路径依赖性的特征。企业不能采用破坏性的组织重构行为,这样会损坏具有途径依赖性积累的资源。

三、知识能力的结构

知识本身并不能用数字度量,知识能力只能通过组织的资源和知识管理行为来推断,知识能力可以用来描述各种不同的资源和知识管理行为,一种特殊的行为表现了企业内部不同的能力,也意味着存在的特殊知识,这样的知识能力,通过企业的各种资源及知识管理行为体现出来。

企业的知识能力结构包含了三大要素,每一种要素之中又包含了若干子要素,如果将这些能力要素看成是能力元,那么能力架构就是知识能力要素之间的关系,称为知识机制(图3-2)。

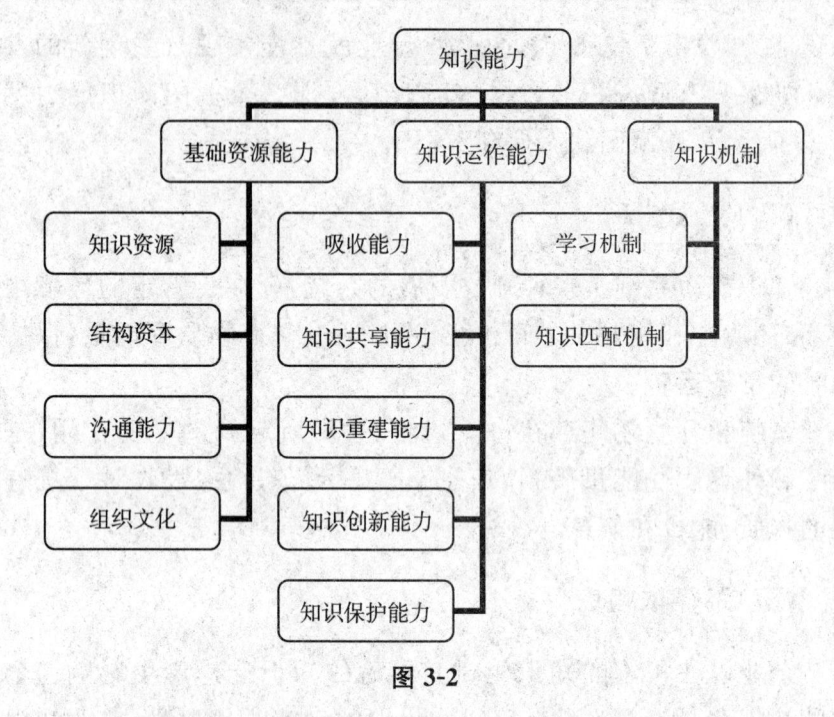

```
                    知识能力
        ┌─────────────┼─────────────┐
    基础资源能力    知识运作能力    知识机制
      │              │              │
   知识资源        吸收能力       学习机制
      │              │              │
   结构资本       知识共享能力   知识匹配机制
      │              │
   沟通能力       知识重建能力
      │              │
   组织文化       知识创新能力
                     │
                 知识保护能力
```

图 3-2

(一)基础资源能力

1. 知识资源

知识能力的重要基础就是知识资源。按照组织获取的时间划分,可以分为两个方面:

(1)知识存量。

知识存量就是包含在组织内部人员、硬件设备、组织和信息四要素中的所有知识和技能。组织积累资源的过程就是通过积攒这些要素实现的。从经济学的角度看,组织是所拥有资源的总和;从核心能力理论的角度看,组织独特的资源是支持组织获得持续竞争能力的重要因素。

(2)知识增量。

知识资源不会转化形成现实能力,组织拥有了独特的资源但是不能运用资源,资源就会出现浪费现象。组织通过投入获得新的知识,形成知识增量,以知识增量刺激知识存量体,产生知识流量,激活组织内部资源存量。

组织要激活内部资源存量,就要获取资源增量,与组织内部资源存量之间相互碰撞,激活原来的存量。从本质上看,获得组织内部资源增量,是一个学习积累的过程,只有组织不断地学习,增量知识就会积攒到一个阈值,整个组织的竞争能力就会从相对静态的量积累到动态质的变化。

组织激活技术存量,最终目的是实现组织持续稳定的协调发展,结合技术存量和经济绩效的要素主要是通过技术创新提供独特的产品或服务。

2. 结构资本

很多组织都缺乏有效的组织体系或组织基础,组织所拥有的知识未能发挥出真正的效用,因而需要建立组织基础设施,促进组织内外知识相互之间的交换。增强社会交往和作为结果发生的知识交换是知识管理的重要组成部分,也是影响知识管理能力的主要因素,就是知识管理中的基础结构。

培育组织的知识能力与开发建立在知识的组织战略,要求新的组织结构去支持。为了提高组织效率,很多企业都按照产品组合、加工或专业化的管理安排组织结构,这些结构使得组织的能力得到优化。

多样化的顾客需求和知识型员工的工作自主性都需要形成新的组织结构,新技术的扩展能力使组织的设计及管理成为现实,组织能够迅速对顾客和知识型员工的多元化需求做出反应。网络组织一词得到广泛普及,其结构具有四种形式(表3-1)。

表3-1 网络组织的四种形式

	扁平化	倒金字塔	蛛网型	星射型
节点	个人	个人	个人	部门
客户界面	节点	节点	项目	中心和节点
智力密集点	中心	节点	节点	中心和节点
知识流动方向	从中心到节点	从节点到中心	从节点到节点	从中心到节点
影响效果	乘数	分布	指数	加法

从有效吸收、整合的角度看,上述结构并不是稳定的,一个组织中可以安排不同的结构,从而对知识产生影响。不同的组织结构对知识产生的影响也各不相同(表3-2)。

表3-2 组织结构对不同类型知识的影响

知识类型	扁平化	倒金字塔	蛛网型	星射型
感知型知识	在组织中心深化知识	基础性知识在节点,支持性知识在中心	技术性知识在中心,市场性知识在节点	分散,按项目集中
先进技术	从程序化到系统化	专业技能在节点间非正式转移	从中心到节点,然后通过核心从节点到节点	由项目聚集不同的技能而成
系统化知识	系统知识在组织中心,顾客知识集中在节点	系统及顾客专业知识在节点	核心技术知识系统性市场知识在节点	通过相互交流发现由网络支持的研究产生
激发的创造力	参与更多的技术性工作	专业人员工作自治	企业家激励	个人兴趣,通过积极的激励施加影响

3. 沟通能力

组织沟通包含了组织与环境的沟通以及组织内部的沟通,主要作用是提高组织效率、加强组织能力、促进组织的生存与发展。任何组织都是一个完整的整体,在所处的环境中和其他组织发生关系,企业和外部环境之间互换,形成动态发展的过程。

为了生存和发展,组织要从社会环境中获得各种物质条件作为支撑,还要获得各种各样的信息,将其传送到组织的内部。对信息的加工和处理,象征了对周围环境的协调发展,从企业内部将相关信息传递到决策层,形成企业的具体决策或宏观的企业发展战略。沟通能力在知识能力形成过程中发挥了一定的作用(图3-3)。

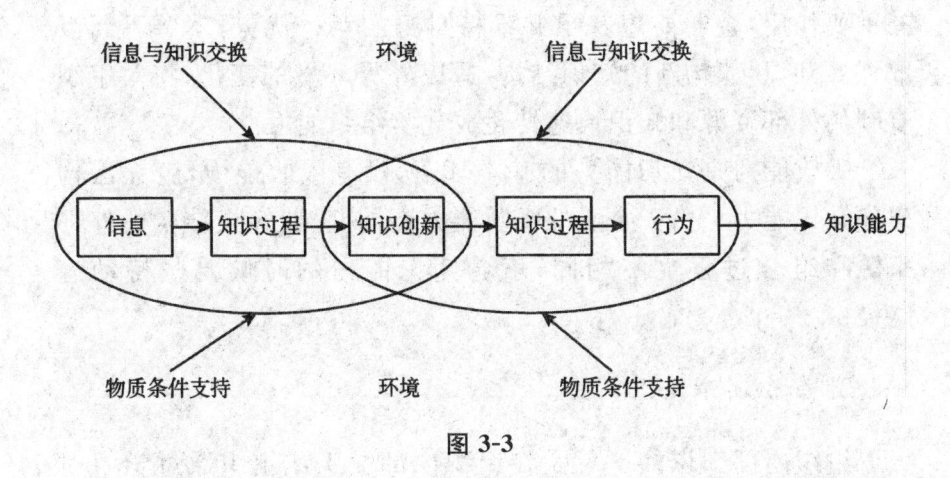

第三章 网球后备人才知识能力培养与提高

信息与知识交换　　　环境　　　信息与知识交换

信息 → 知识过程 → 知识创新 → 知识过程 → 行为 → 知识能力

物质条件支持　　　环境　　　物质条件支持

图 3-3

从图中可以发现，第一个知识过程就是知识活动的基础，是知识活动的初级阶段，是知识的学习和沟通阶段。第二个知识过程是知识活动的高级阶段，具备了知识活动的客观效果。

知识过程包含了沟通和学习阶段，再形成行为，这两个过程和沟通活动紧密相连。沟通与共享在知识的价值中占有很大部分，当达到知识创新的目的后，就要形成知识能力，进而支持企业的发展。

对企业知识能力的支撑主要围绕知识的价值链进行，价值链可以归纳为知识的采集与加工，知识过程是知识的存储与积累、使用与创新、沟通与共享。

4. 组织文化

组织文化是在特定的历史条件下，企业和员工在生产经营和变革的实践中形成的共同思想、价值观念，是一种具有个性的信念和行为方式。组织文化包含了行为规范、习俗习惯、规章制度，核心是价值观念。

(二)知识运作能力

1. 吸收能力

在动态环境下组织知识资源的外部来源对企业创新活动具

有重要作用,企业要想获得并维持自身的竞争优势,就要不断汲取外界知识,建构新的知识结构,适应外界环境的变化,将对组织有利的外部资源和知识快速转化成现实组织能力。

吸收能力是知识能力的基本环节,没有吸收能力,就无法构建起知识能力。由于企业的吸收能力不同,企业知识结构的外部来源和组合过程也不相同,培养知识能力的时候要坚持动态路径。

2. 知识共享能力

组织内部知识共享就是在组织内部员工或组织通过学习讨论、知识库等形式组织各种显性和隐性知识,最大限度为员工共同使用。知识转移的过程就是知识共享的过程,知识从个体拥有向群体拥有转变,知识拥有者和其他人分享自己的知识。

知识共享是知识学习的过程,一个技术团队学习另一个技术团队的过程,一个知识拥有者与另一个知识拥有者进行交易的过程,也是知识进行交换的过程。知识共享也是知识转化的过程,是从隐性知识转化为显性知识的过程。

3. 知识重建能力

在创新管理中,组织会遇到大量没有遇到过的问题,利用组织记忆中的知识快速形成有效的解决方案,体现了组织的知识能力。形成解决方案的过程,就是组织记忆中将关于这些领域的知识进行检索,按照主题分类,将知识分配到组织的创新活动中去的过程。

创新活动中所包含的环节,有部门、岗位或人员,他们是知识创新中的主体,创新主体通过活动形成解决方案,重新构建定义。知识重建的过程包含了三个方面:

第一,知识流动的过程,知识在各个创新主体之间流动。第二,知识重用的过程,有效利用组织记忆中的知识。第三,知识创新的过程,主要是一种新的知识,是一种新的解决方案,丰富了组织记忆。

4. 知识创新能力

创新就是一种新思想被一个组织或者环境发现、接受并且转化形成了具有一定经济价值的产品,这个过程具有创造性,涉及对原来事物的改造。

企业的创新能力包含了企业经营的方方面面,其不断发展进步的前提就是创新,保证企业在激烈的市场竞争中始终具有优势,能够不断发展壮大。创新的形成与发展提升了企业的知识能力,只有通过培养创新能力,才能进一步发展知识能力。创新能力是知识运作能力中的重要组成部分。

5. 知识保护能力

知识保护的概念有广义和狭义之分,广义的知识保护主要是知识保存和知识转移的功能,狭义的知识保护主要是保障知识能够合法使用,不会遭到被盗窃的侵害。当今社会处于知识经济时代,企业为了维持竞争优势,都会保护自己的知识产权,保护组织的创新能力和知识所有人的利益。一个组织目前的竞争者不能获得构成组织竞争优势的资源,才会保证组织的竞争优势。

竞争优势来源之一就是知识,它很难通过模仿获得,不对知识进行安全程序的保护,就会丢失这些特性。从知识的异质性角度对知识进行说明,知识转移的成本是零,被竞争对手获得后,知识原来的所有者并没有影响,知识的价值也不会消失。

(三)知识机制

1. 学习机制

组织学习是在企业特定的文化下,建立起的组织运作方式,通过应用相关方法增强企业的适应性和竞争性。知识不断积累,可以促进能力的提高。学习可以加强传递显性知识和隐性知识,是培养企业能力的重要方式。

建立有效的学习机制,可以促进组织内部知识的流通和交流,学习机制有一组制度化的互动程序,促进组织内部知识交换、转移、整合,其核心是激励和保证学习效果(图3-4)。

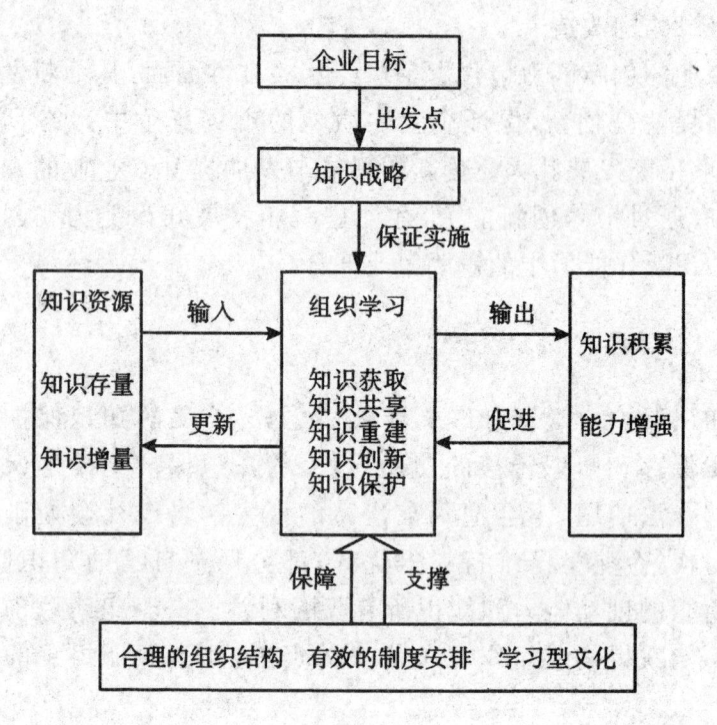

图 3-4

学习机制的支撑要素是合理的组织结构和学习型文化,合理的组织结构是组织学习的基础要求,学习型文化是企业可持续发展的基本动力。通过组织学习,组织成员将自己的知识转换成组织共享知识,组织的共享能力越强,生命力也就越强。

2. 知识匹配机制

匹配就是一种相称的状态,伴随信息技术的快速发展,企业经营环境发生了剧烈的变化,企业的知识、资源、能力与环境的互动与匹配成为人们关注的重点,出现了倡导企业主动适应变化、制造变化、利用变化、提高自身在动态环境下的适应能力和竞争能力的战略思想。

知识匹配机制强调知识匹配、能力匹配、文化匹配等。建立知识匹配机制,企业在动态环境中就能够迅速捕捉到环境变化所产生的机会,并迅速对环境变化的复杂性和不确定性做出反应。

第二节 网球知识构成

一、网球运动基本理论

(一)准备姿势和站位

1. 准备姿势

击球者开始击球前的姿势就是准备姿势,持拍的方法和身体的基本姿势相同,在击球前要保证身体处于正确的姿态,方便身体迅速启动,轻松出击,能够应对各种复杂的局面。

正确的准备姿势:上半身略微前倾,眼睛注视来球的方向,两脚开立略比肩宽,脚掌能够着地,脚跟轻轻抬起,身体重心放在两只脚的中间,双膝微屈,身体呈半蹲姿态,下巴不要下垂,准确判断对手的击球方向。

球拍要放在体前,拍头比手腕高,指向前方,拍面和地面保持垂直,采用正手握拍法,左手轻托拍颈,在击球前帮助右手调整握拍方式,更好地回球,轻松应对左右任何一方击来的球,保证接发球的稳定性,肩部保持放松,以轻松的状态迎接对手来球。

2. 站位

站位就是击球者准备击球时的基本位置,初学者首先要学会站位,根据场上的实际情况选择恰当的站位,如果对方从平分区发球,右场区端线附近距边线 50 厘米至 1 米的位置就是合理的站位。

单打比赛中每次击完球都能够回到中点位置,就是合理的站位。判断站位是否合理,要看选手所处的位置能否达到还击对方打到场地上的不同方向的来球,如果无法顺利还击,就说明站位不合理。

(二)球场划分

球场中点与中线的连线可以将球场分为左半场和右半场,全场是指没有中间界限,后场是端线向前 3 米,前场是球网向后 4 米,中间部分称为中场。

(三)击球知识

1. 击球种类

(1)落地抽球。

基本击球方法之一,击球者站在球场端线附近,将对方击来的球在第一次落地反弹起来后,用球拍挥击过网。

(2)截击。

在网前,击球者用球拍将来球在未落地之前截击过网。

(3)发球。

网球比赛每一分都是以发球作为开始,运动员在发球的时候要站在端线的后面,球抛起并在球落地之前挥拍,将球击打到对方场地对角发球区内。

(4)高压球。

运动员在网前或者在中场位置,挥拍将处在肩部高度以上的来球向前下方扣击过网。

(5)挑高球。

运动员在端线附近,采用较高的弧度将球回击到对方底线区域内。

(6)穿越球。

当对方运动员上网时,运用快速隐蔽落地抽球的方法,击打出对方不能拦截的球路。

(7)放小球。

运动员采用隐蔽的方法,击打出球的落点贴网,球的反弹力和前冲力比较小。

2. 击球站位

(1)直角式站位。

左脚放在时钟中心,右脚指向12点钟方向,运动员在准备姿势的情况下,转动臀部和肩部,迈步将重心转移到外侧脚上,支撑向后的引拍动作。击球者的内侧脚能够向前迈开,双脚保持前后站位,开始挥拍的时候,将重心转移到前脚上。

(2)开放式站位。

左脚放在时钟中心,右脚指向3点钟方向,运动员转动臀部和肩部,迈步时将重心移至外侧脚上,向后引拍,引拍结束后重心回到外侧脚上,挥拍击球时重心由外侧脚转移到内侧脚。

(3)闭合式站位。

左脚放在时钟中心,右脚指向9点钟方位,这种站位主要用于大范围跑动的过程,击球者在跑动中已经完成了引拍动作,挥拍时双脚呈交叉步姿势。

3. 击球点

运动员在击球时,球拍和球接触的位置,是对运动员所处的相对位置而言的三维空间,击球者用球拍击球的过程中,击球点直接关系到击球的命中率。击球点如果靠前,击球无力,击球点如果靠后,球拍前挥的距离不够,达不到主动击球的效果,击球点如果过高,击球的动作就会变形,选择恰当的击球点,可以保证合理的击球动作,达到最佳的击球效果。

4. 击球时间

(1)首飞。

对方击打过来的球,过网到第一次落地前的飞行抛物线的时间。

(2)次飞。

对方击打过来的球,第一次落地反弹后到第二次落地前的这一段飞行抛物线的时间,这段时间可以分为五个时期(图3-5)。

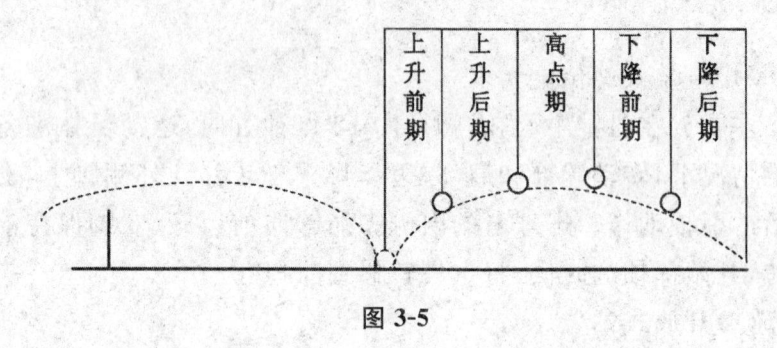

图 3-5

①上升前期。对方击过来的球第一次落地后,从地面反弹起来,球刚好处于上升的阶段。

②上升后期。对方击过来的球第一次落地后,从上升前期到最高点的时间段。

③高点期。对方击过来的球,从上升后期到达反弹最高点的时间段。

④下降前期。对方击过来的球第一次落地后,从地面反弹至最高点开始下降的最初时间段。

⑤下降后期。对方击过来的球第一次落地后,从地面反弹后经过下降前期下降到接近第二次落地之前的时间段。

5. 击球的旋转

(1)上旋球。

向上提拉的击球动作,会使被击出的球产生向前的旋转力,球的特点是在空中飞行的时候下落速度比较快,落地前球的冲力也比较大。

(2)下旋球。

带有向下切削的击球动作,会使被击出的球产生向后的旋转力,这种球落地后弹起的高度比较高,球不往前走。

(3)平击球。

击打出的球没有旋转。

(4)侧旋球。

绕一个斜轴向左后下方或右后下方旋转的球,球落地后向左、右两侧跳。

6. 击球路线

球被击出后在球场上空的飞行弧线的投影线,击球的路线包括了正手直线、反手直线、反手斜线等。练习过程中要特别留意击球的线路,有意识地培养自己的控球能力。

二、网球运动术语

(一)击球术语

1. ACE 球

比赛过程中发球,球落在发球区里,但是对方没有击打到球,发球员可以获得一次直接得分的机会。

2. 随球过网

球拍与球的接触点在本方场区内,击球后球拍过网就是合法击球。

3. 正手和反手

正手就是握拍手的一侧,反手就是握拍手的另一侧。

4. 触网

在"活球"期间,出现球拍或身体及穿戴的衣服、帽子触网的情况,应当判球员失分或失误。

5. 过网击球

球还没有过网,就在对方场区内空中击球,判处失分。

6. 制胜球

使用较大的力度,选择巧妙的角度,使对方无法防守,球拍没有触碰到球就算得分。

7. 受迫性失误

运动员击出的球使对方在没有准备好的情况下进行反击,结果出现击球失误的情况。

8. 活球期间

从发球员触球的一刹那开始到该分结束,都是活球期间,发球失误或重发的情况除外。

9. 非受迫性失误

运动员已经准备好后,球员自身主动失误使得回球下网,称为主动失误。

(二)规则术语

1. 赛点

当一方运动员只要再得一分的情况下就可以取得整场比赛的胜利。

2. 盘点

当一方运动员只要再得一分的情况下就可以取得一盘比赛的胜利。

3. 局点

当一方运动员只要再得一分的情况下就可以取得一局比赛

的胜利。

4. 双误

每一分球的发球都有两次机会，第一次发球后出现失误，发球员可以在同一半区再发第二次球，如果再次出现失误，就是双误，被判失分。

5. 脚误

运动员在发球的时候，脚触碰到了端线或者处于中点的位置，或者改变了原有的位置，就是脚误。

6. 相持能力

当发球员发出有效球后，接发球成功但是没有结束一分球，进入到了对攻或对等相持的制胜能力。

7. 非决胜盘

一名球员获得本盘的胜利，也不能取得整场比赛的胜利，如三盘两胜制的前两盘。

8. 决胜盘

当一名球员获得本盘比赛胜利的时候，就能获得这场比赛的最终胜利，如三盘两胜制的第三盘。

9. 长盘制

在网球比赛中，双方各自获胜六局后，任意一方需要净胜两局才能取得这一盘的胜利。

10. 平分

当双方比分达到 40∶40 时，就是平分，在这一时期，率先获得两分的球员就可以取得这一局的胜利。

11. 破发球局

一名球员在另一名球员发球时取得这一局的胜利。

三、网球运动礼仪

(一)训练礼仪

1. 穿行礼仪

在训练场地有人在进行比赛时,其他人不能随便在比赛场区内穿行,不能在球员的视线范围出现,否则便是不懂得训练礼仪的表现,还会被看作是"意外阻碍"影响比赛的进行。如果一定要穿越球场,可以先站在旁边等候,等待球成为"死球"后,再沿着场边快速通过。

2. 捡球礼仪

网球初学者打网球的时候经常会出现球满场飞的情况,如果球滚到隔壁球场,而那个场地上正好有人在训练,不要着急捡球,等候"死球"的出现再进入场地捡球。如果贸然进入场地,会影响到对方打球,如果有人帮你捡球,要说一声"谢谢"。

捡球的时候,注意身体不要压在球网上面去捡对面场地的球,不能从球网上一跨而过,网绳很有可能会经不住外力断掉。

3. 发球礼仪

每次发球的时候都要注意对方是否已经做好准备,可以将球举起示意对方你要准备发球了,如果没有观察对方就贸然发球,对手会认为你不尊重自己,很有可能没有做好准备接不到球。

4. 打球礼仪

在打球的时候要主动告诉对方靠近底线的球是"in"(界内)、

"out"(界外)还是压线,当自己击球出界或者还击下网,要向训练的搭档说一声"对不起",虽然自己不是故意的,但是会让训练搭档损失了一次可以继续练球的机会。

5. 穿着礼仪

到网球场训练,一般不能穿皮鞋、硬底鞋、钉鞋等可能损坏球场表面的鞋,鞋底的质地、颜色最好不要在场地上能够留下痕迹,赤脚或赤脚穿鞋进入场地,也被认为是不雅的行为。

(二)比赛礼仪

1. 赛前礼仪

在比赛开始前要时刻关注公告栏中关于比赛的各种通知,并且严格遵守相关规定。运动员要严格遵守比赛时间和赛场的规则,如果比赛开始15分钟后,还没有到达比赛现场,就被认为是弃权。

运动员出现在比赛现场要穿着队服,服装整洁、干练,符合网球服装的要求。在正规比赛中,运动员不能穿长裤,男性运动员要穿着半袖上衣和短裤,女性运动员要穿着中袖或无袖上衣和短裙或连衣短裙,特殊情况除外。男子双打运动员的服装底色要保持一致。

2. 赛中礼仪

在比赛中,如果对方击出了漂亮的得分球,应该为对手叫好,或者鼓掌示意,虽然自己输球会感到遗憾失落,很难诚心为对手叫好,但是也要尽量做到像职业高手那样,用手轻拍球拍,潇洒地为对手表示祝贺。

在比赛中如果输球,不要摔拍子,更不要用脚踢球,这样会显得没有素质和职业道德。没有经得主裁判同意,不可以擅自离场,或者中途退出比赛。

在比赛过程中要严格遵守时间规定和行为规则,如果对方发挥失常或者频频失误,也不能喜形于色,自己幸灾乐祸会让对方心情更加沮丧。在正式比赛的过程中,最好使用上手发球的姿势,虽然规则允许下手发球,但是对手会认为这是对对方的不尊重。

如果打出了幸运球得分,也不要太激动。球擦网后会改变方向和速度,不规则落在对方场内,但是球的落点很好,使对方无法接住,出现这样的情况,要向对方说一声"sorry",或者向职业选手学习,将球拍面向对手表示自己的歉意。

运动员参加比赛要尽最大可能取得比赛胜利,赛场上不能做任何带有污辱性的手势和身体动作,不可以对观众、裁判和对手说任何带污辱性的语言,不能用踢、摔拍子等形式发泄自己的不满,损害自己的形象,这样是非常没有职业素养的表现。

3. 赛后礼仪

无论最后比赛胜负如何,运动员在比赛结束后都要主动和裁判以及对方握手,以示尊敬和感谢。比赛结束后,可以把比赛用球抛给观众,但是不能把网球拍扔到观众席,可能会砸伤观众。

在网球场上要听从裁判的指挥,裁判员和球员有时会因为界内或界外的问题发生分歧,球员此时要保持冷静,如果有球印可以指出来,如果没有球印可以服从裁判。此时,裁判要尊重球员的汗水和辛勤努力,认真裁决每一个球,以免出现误判、漏判的情况。如果运动员依然对判决有异议,可以等比赛结束后,再向仲裁委员会提起申诉。

运动员报名参加比赛,不可以无故弃权,如果确实因为伤病不能参加比赛,要经过大会的指定医生确定和认可,并开具证明。因由于其他原因所导致的事故不得不放弃比赛时,要准备证明材料。

(三)观赛礼仪

网球运动的起源就是一项贵族运动,不只是体现在价格上昂

第三章　网球后备人才知识能力培养与提高

贵,更重要的是其蕴含的比赛文化内涵。在法国或者英国观看比赛,赛场内的工作人员都身穿礼服,佩戴礼帽、白手套,面带微笑,典雅大方地向每一位到场的观众服务。

在赛场内售卖的饮料是香槟,比赛开始后,观众要严格遵守赛场规定,场内所提供的高端服务以及对观众礼仪的严格要求都体现出了网球的贵族文化氛围。

要成为一名网球迷很简单,熟悉规则,有喜爱的球员就可以了,但是要做一名合格的网球观众并不容易,需要熟知复杂的网球规则,还要了解和遵守看台上约定俗成的规矩。

如果带背包入场一定要安检,行李不可以带入观众席,大型网球公开赛中,背包的观众入场前必须通过安检门,要确定包中没有危险物品才能进入。为了保证球员和观众的安全,玻璃瓶以及易拉罐类的饮料不能带入观众席,只能带软包装类的饮料。

在观看比赛的时候要关掉手机或者将其调成振动、静音状态,不要携带会发出声音的物品,一些电子通信设备也不能带,如电脑、收音机等。

比赛开始前要提前坐在自己的位置上,不要停留在过道或者栏杆上看球,如果比赛开始了还没有找到位置,可以就地而坐,等待下一次球员换边的时候再寻找自己的位置。有的赛场没有观众台,一定要在球场的挡网外围观看,不能进入比赛场地观看。

如果观看网球比赛迟到了,那么应该等候球员休息的时候再进入,避免影响球员的注意力,干扰到比赛的进程,如果要离开也要选择在球员休息的时候离开观众席。

当比赛开始后,要保持安静,不要制造出来影响运动员的声音,不能大声交谈,只有在运动员获得一分的情况下,才能鼓掌加油,当双方球员打出了精彩的回球后,观众也要随着球的轨迹发出惊叹的声音,这样并不会妨碍运动员继续比赛。

观众如果捡到运动员打飞的球,要在获得一分比赛结束后,将球扔回场地,不能在比赛进行中就将球扔进场地干扰到比赛的进程。在比赛进行的过程中,不能使用闪光灯拍照,以免影响到运动员的注意力。

观众在观看比赛的时候,不能吃东西或者大声喧哗,观众要给双方球员平等的支持和鼓励,不要喝倒彩,赛场内禁止吸烟。不要带年龄太小的孩子去观看比赛,因为小孩子很难控制自己的声音,这样可以避免造成不必要的尴尬影响到比赛。

四、网球场地和器材

(一)场地规格

网球场地长 23.77 米,单打场地宽 8.23 米,双打场地宽 10.97 米,整体呈长方形,发球线至底线的长度为 5.48 米,发球线至网线的距离为 6.4 米。整个场地由挂在绳索或钢丝绳上的网分开,球网要充分伸展开,填满整个网柱之间的位置,网孔的大小正好可以避免球穿过。

球网中心的高度是 0.91 米,用中心带向下绷紧固定,中心带和网带是白色。全场除底线可宽至 10 厘米外,其他各线的宽度不能超过 5 厘米。

发球线是距离球网两侧 6.4 米的地方各画的一条与球网平行的线,发球区是球网与每一边的发球线和边线组成的场地再被发球中线分为的两个相等的区域,发球中线是一条连接两条发球线中点并与边线平行的线,线宽 5 厘米(图 3-6)。

两片或两片以上相邻的平行网球场地,之间的距离不少于 4 米,室内屋顶在球场上空的净高不少于 11.50 米,所有的测量都应到线的外沿为止,场上的所有线应统一为相同的颜色。

(二)场地类型

根据球的速度和反弹程度,网球场可以分为三种类型:慢速球场、中速球场、快速球场。球场越硬,尤其是越光滑的球场表面对球的反弹影响越小(图 3-7)。

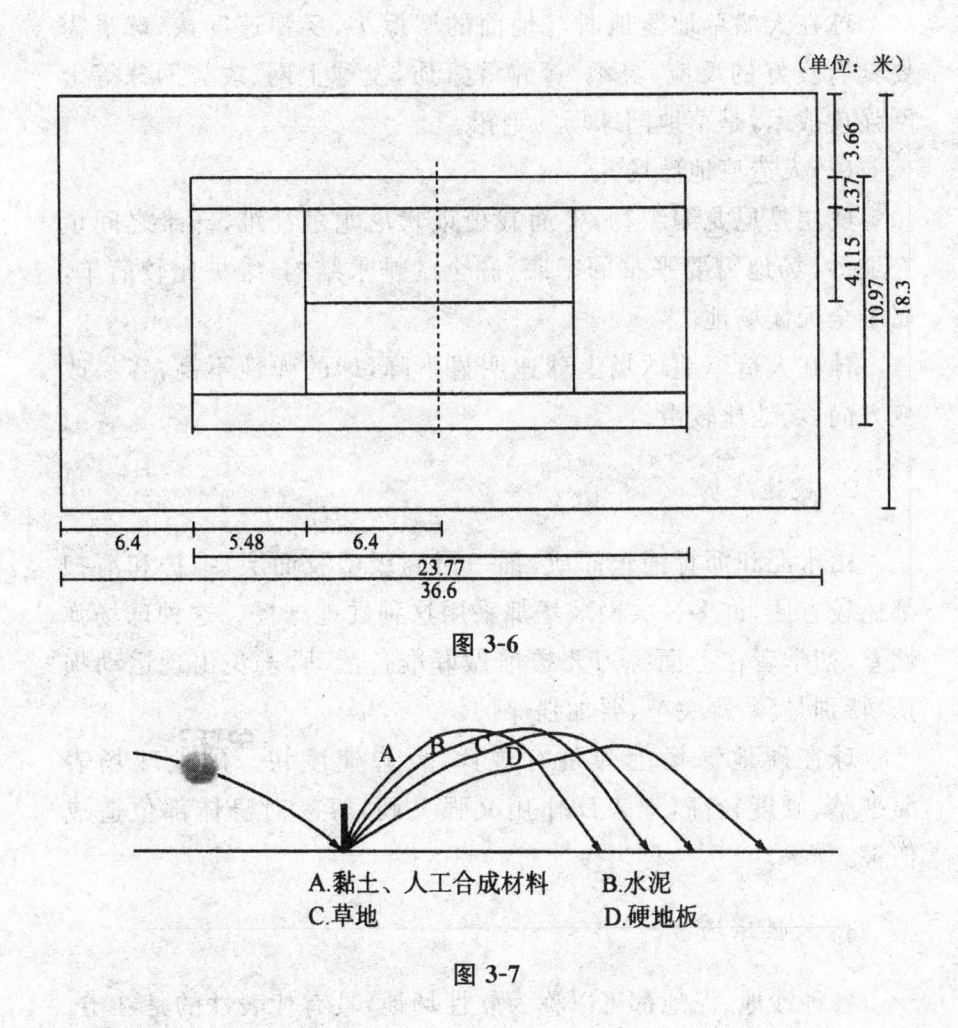

第三章 网球后备人才知识能力培养与提高

图 3-6

图 3-7

世界上的球场类型主要有以下几种：

1. 草地球场

(1) 天然草地球场。

标准的天然草地球场横切面的上层是 7.5 厘米的精挑土壤和 15 厘米的畅通层，下面两层是石碟层分开的非组织结构渗透层，底土层上面是 44 厘米宽的排水道。由于造价高，受到气候条件的限制，需要细致的保养，每年草地网球赛事几乎都在英国和荷兰举行，其中最有名的是温布尔顿公开赛。

球在天然草地落地时与地面的摩擦小,反弹速度快,球员需要具有良好的反应、灵敏、奔跑等素质,发球上网、攻势网球等上网强攻战术,是草地网球场的绝招。

(2)人造草地球场。

底层是尼龙编织物,上面栽植束状尼龙短纤维,纤维之间填充细砂,场地需要平整的基底、齐全的排水结构,维护比较简单,属于全天候场地。

球在人造草地球场上球速明显下降,球的弹性不高,容易改变方向,场地比较滑。

2. 硬地球场

由水泥和沥青铺垫而成,铺一层高级塑胶面层,维护和清扫都比较方便,许多公共网球场都采用这种硬地球场。这种球场弹性差,初学者在上面练习要提前做好准备活动,避免出现运动损伤,特别是膝、踝关节,要加强保护。

球在硬地球场上弹跳有规律,反弹速度快。硬地球场表面平整、硬度较高,地表反作用又强又硬,容易对身体部位造成伤害。

3. 软性球场

各种沙地、泥地都可以称为软性场地,具有代表性的是红土,场地不坚硬,地表铺有一层细砂,造价比较低,保养和维护也比较复杂,平时需要浇水、划线,雨天过后还要平整、滚压,球员需要爱护场上的所有设施。

球在软性球场上落地的时候和地面摩擦大,球速慢,在跑动中特别是急停急回时有滑动余地,这些特点决定了球员必须具有更全面的运动素质和奔跑能力。

4. 地毯球场

地毯球场是一种可以卷起的网球场,表面的材质属于塑胶面层,使用专门的胶水黏接在具有一定强度和硬度的沥青等基底面上,有的还可以铺在任何有支持力的地面上,铺设方便,也便于运输,室内室外都可以使用。

地毯球场保养非常简单,也便于清洁,球的速度要看场地表面的平整度及地毯表面的粗糙程度而定。

5. 合成塑胶球场

这种场地和塑胶田径跑道的材质基本相同,将钢筋混凝土的材料作为基础,表面是合成塑胶颗粒,以专用胶水相粘。场地的弹性和硬度要根据塑胶颗粒的大小和紧密程度来确定,塑胶场地可以在室内和室外使用,是公共球场理想的使用材质。塑胶球场的球速要比硬地球场快,球的反弹力和前冲力更猛。

(三)网球器材

1. 网球

网球都是由纺织材料统一包裹,接缝处无缝线痕迹,网球直径在 6.35~6.67 厘米之间,重量在 56.7~58.5 克之间,网球有增压球和无压球,主要在海拔 1 219 米的高度的比赛场地上使用。球的弹跳、尺寸和形变的测试要符合标准要求,国际网联定期对某种球或样品是否符合标准,能否用于比赛等问题进行裁决,任何选手、器材生产厂商或国家网球协会都可以申请此类裁决。

市面上的网球品牌很多,包括 Aeroplan、Youlong 等,挑选网球可以根据自己的收入水平和用途来选择简装球或者练习球,同时还要注意网球的外观、弹跳性能和软硬程度。网球最好不要沾水,平时不用的时候要放在通风、干燥、阴凉的地方。

2. 网球拍

网球拍拍面的形状主要有三种,小型头拍、中型头拍和大头拍。小型头拍需要精确的击球点,击球力量集中,使用更加灵活方便。中型头拍打底线时球感较好,可以更好地控制球。大头拍的拍面较大,更有利于网前截击。

网球拍的材质一般是木质球拍、钢质球拍、合成材料等,拍线穿入拍框的边缘点与拍框的边缘点组成的拍线式样的主要区域,要平整,连接在拍框上的线组成的一种式样,拍线在交叉的地方应该互相交织,拍线组成的式样也大致相同。

拍框总长度包括拍柄,总宽度不得超过 31.7 厘米,总长度不得超过 39.4 厘米,拍框的设计和穿线使球拍的两面在击球时性质保持一致,拍线不能有附属物或者突出物。

挑选球拍的要求是手感舒适,选择球拍前要根据自己的经济条件、身体素质情况、技术特点等,了解每一种球拍的特性,最终选择适合自己的球拍。一般在球拍上,生产厂家都标注了球拍的重量、最佳穿弦磅数等信息。

3. 网球鞋

网球运动需要快速起动、变向,重心基本都在前脚掌,对鞋的磨损也比较厉害,对网球鞋提出了较高的要求,较好的网球鞋兼顾了这些特点,鞋底的纹路适用于各种制动和地面的摩擦,内垫具有较强的支撑力和弹性。

根据不同的场地性质,需要选择不同的球鞋,室内球鞋的鞋底纹路属于细致条纹,室外球鞋鞋底属于粗犷条纹,硬地球鞋的鞋底比较耐磨,和硬地球场的摩擦力较大,沙地球鞋鞋底使用的是普通橡胶,球鞋和沙地的摩擦系数偏小,有专门的滑步技术。伴随科学技术的发展进步,网球鞋在质量和做工上都有了较大的进步,作为网球的后备人才需要在网球专卖店购买一双专业的网球鞋。

第三节 网球后备人才自主学习能力的提高

一、网球后备人才自主学习能力的内涵

自主学习能力最早提出来时,是将"自主"的概念界定为负责自身学习的能力,主要表现在确定学习目标、决定学习内容和进度、监督学习过程、测评学习效果等。自主学习能力主要是由社会支持和技术支持构成,社会支持主要是动机及其影响因素,技术支持主要是培养学生学习制定目标的能力,选择材料、任务、自我监控的能力,自我评价的能力。

自主学习界定为三种能力,即评判性反思能力、做出决策的能力和采取独立行动的能力。如果学生在学习活动之前,能够确定好自己的学习目标,制订完善的学习计划,做好学习准备工作,在学习活动中能够对学习方法和进度进行自我监督、反馈和调节,学习活动结束后可以对学习内容进行总结和检查,查漏补缺,提高学习效果,达到学习目的,那么这种学习就是自主的。

网球后备人才自主学习能力具有深刻的内涵,主要是指网球后备人才能够顺利完成自主学习任务的各种心理品质的总和,共包含了四种能力(图 3-8)。

网球后备人才自主学习能力不只是心理能力,还是一种社会能力,是一种可持续发展的综合能力。指导自主学习要强调个性、实践,充分考虑后备人才的各种情感需求,依此通过各种手段调动积极性和主动学习动机,提供软、硬件技术支撑。

软件支撑包括科学而合理的引导,硬件支撑主要是学习所需要的各种条件,如学习资源、实践基地等,教育者激发学生们的学习兴趣,要为后备人才提供良好的学习环境和资源,构建完整的自主学习体系,使后备人才以此作为支撑,开展丰富的知识探索

和发现,完善网球知识结构。

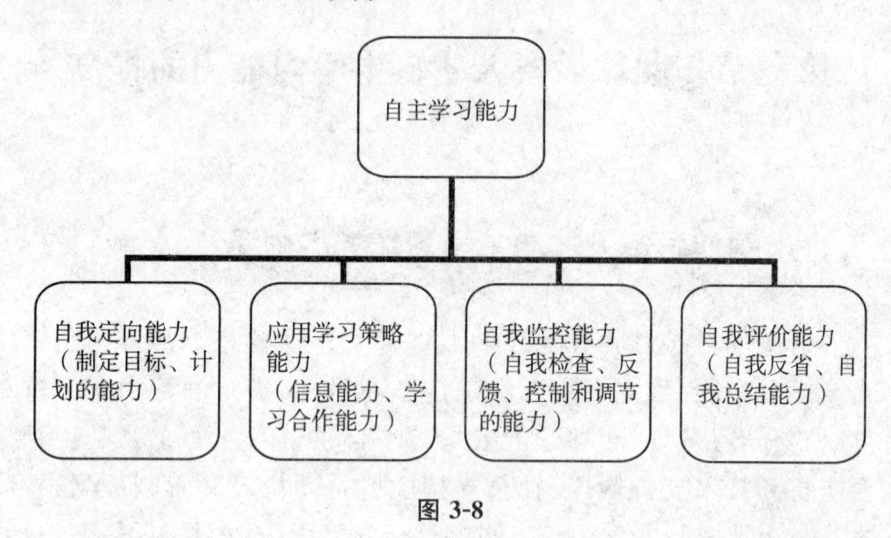

```
                    自主学习能力
          ┌──────────┬──────────┬──────────┐
    自我定向能力   应用学习策略   自我监控能力   自我评价能力
    (制定目标、计   能力          (自我检查、反   (自我反省、自
    划的能力)      (信息能力、学   馈、控制和调节   我总结能力)
                   习合作能力)    的能力)
```

图 3-8

二、网球后备人才自主学习能力的构成

网球后备人才的自主学习能力是以认识能力作为基础,在网球的学习活动中表现出来的特殊学习能力。自主学习能力属于特殊的学习能力。这种特殊包含了三个层面,分别为一般学习能力、一般自主学习能力、具体学科的自主学习能力。特殊性依次提高。自主学习活动主要是由不同的学习活动构成,是一个综合体,是一种有意识进行调节、计划和评价的学习过程,在活动中体现了活动的执行,也保证了对活动的调控。

（一）一般学习能力

一般学习能力就是获得、巩固、应用、创造知识的学习能力,自主学习能力以一般学习能力作为基础。

1. 获取知识

从认识的角度看,包含了观察能力、思维能力和想象能力;从学习的角度看,包括了阅读能力、听讲能力和提问能力。

2. 巩固知识

从认识过程的角度看,包括记忆能力、思维能力;从学习方法的角度看,包括复习能力、练习能力。

3. 应用知识

从认识过程的角度看,包括实际操作能力;从学习方法的角度看,包括实验能力等。

4. 创造知识

从认识过程的角度看,体现了思维的新颖、独特性;从学习方法的角度来看,包括质疑、迁移、组合创新学习能力等。

(二)一般自主学习能力

1. 自我定向能力

网球后备人才分析学习任务后,设置学习目标,制订学习计划,明确学习内容。学习目标是指大学生在学习活动中所期望实现的结果,学习目标主要由一系列目标群构成,包括学习的年度目标、阶段目标、课程目标等。

后备人才在学习的过程中发现自己的缺陷并转化为明确的目标,根据目标制订学习计划,明确学习内容和时间,这是自主学习的前提条件。只有这样才能防止出现盲目学习的情况,加强学习主动性,提高学习质量。

2. 应用学习策略能力

网球后备人才在学习情景中运用客观资源的能力就是应用学习策略能力,客观资源主要有信息资源和人力资源。信息能力就是后备人才在自主学习中运用工具的能力,主要是对一些工具的使用,包括图书资料、工具书等。

后备人才能够有效识别信息的可利用度,解读信息,对信息进行加工、整合和改造,包含信息的获取,拓宽信息渠道,处理分析信息,并不拒绝他人的帮助,但是只在需要的时候寻求帮助。

网球后备人才将教练看作是学习资源,面对问题的时候,自主学习能力强的后备人才想要得到提示,并且最终会通过自己的努力找到答案,而不是直接从教练那里得到最终的答案。

3. 自我监控能力

后备人才为了能够达到学习的预期目的,在学习的过程中,把学习活动作为对象,不断锻炼自己计划、检查、评价等能力,是学习活动的执行者,也是控制者。

网球后备人才在没有监督的条件下进行学习,需要监督自己的学习过程,发现在学习过程中遇到的问题,调整学习行为。后备人才是否达到了预期的目标重要的衡量指标就是自我监控能力,这是一个螺旋式发展的过程,经历了"不自觉—自觉—自动化"的变化过程,学习效果会越来越好。

4. 自我评价能力

网球后备人才对之前表现和结果进行观察和记录,可以判断出自己学习的能力,包括学习的动机、态度、方法等。一个善于学习的人,可以通过自己的评价,分析和了解自己在学习中的进步和存在的问题。

三、网球后备人才自主学习能力的培养

(一)加强获取和利用资源的能力

情境认知理论强调学习者使用工具,在实践活动中完成学习任务,加强学习能力。信息时代知识存贮与知识传播的特点决定了要培养自主学习能力就要学会获取和利用资源。但是目前关

于这方面的研究还比较少,直接影响到了学习或探究活动。

目前,针对获取与利用资源能力的培养主要是由文献检索课负责,专项课的老师并不承担。网球后备人才需要自己探索获取资源的方式和途径,教师查阅资料只会用单一的信息源,学校购置的资源由于不熟悉而被闲置,因此教师在指导的过程中也必定会带有一定的偏差。

要培养后备人才信息获取和利用的能力,要从教练和人才两个方面入手,人才水平能力的提高的前提条件是教练水平能力的提高,但教练信息获取和信息利用培训不成规模,没有成为考核的具体内容。

(二)实施自主学习模式

对于网球后备人才自主学习能力的培养一直是一个薄弱环节,几乎没有深入的研究,缺乏相应的考核机制。很多研究希望通过借助网络资源开展教学活动,鼓励人才进行主动学习,但是自主学习能力通常成了一种教育模式顺利开展的阻力。

教育信息化将网络教学推到了教学前沿,众多学科和课程开始推广自主学习能力的培养,基于网络学习能力的培养更符合现代社会发展的需要,通过网络开展自主学习活动并不是只把资源堆砌在网上就可以了,需要参考网络学习过程中的智力和非智力因素。

教师要首先向后备人才明确学习的目标、进程安排等标准,使他们在学习之初就建立起应有的期望,产生主动学习的要求。这样不仅能激发学生们学习的兴趣,还可以拓展思维,明确教和学的依据,沟通师生之间的感情。教师根据学生不同的接受能力,安排不同的学习目标,学生可以根据自己的实际情况进行选择。最后教师根据自己的特点确定有效的学习策略。

(三)构建自主学习体系

网球后备人才学习的过程就是组织良好的自主学习的过程。

教育者要在完善教学环节的基础上,构建自主学习体系,减少理论课讲授时间,保证学生自主学习的时间,让学生直接参与社会实践活动与科研工作,发挥独立自主的精神,解决生产实际问题。

可以实行导师制,让网球后备人才参与到科研课题研究工作中去,创建网球实验室,让学生自主在实验室中探索解决问题的办法等。将网球科学研究和教学过程中遇到的各种问题,交给后备人才,让其运用自己学到的知识进行解决,培养其自主创新精神和自主学习能力。

第四章 网球后备人才教学与训练能力培养与提高

当前,我国在网球后备人才培养中,贯彻全面性与长远性原则,不仅关注如何将后备人才培养为优秀的运动员,而且重视后备人才的长远发展。因此,在具体培养过程中,不仅要对影响其成为优秀运动员的竞技能力要素进行培养,如体能、心智能、技战术等,还要对其退役后就业的工作能力进行培养。而网球运动员退役后的主要出路是担任网球教师和网球教练员,因此,为了保证网球后备人才的基本生存与持续发展,必须加强对他们教学与训练能力的培养,为其未来的就业打好基础。此外,师资队伍建设是网球运动可持续快速发展的基础,建设一流的网球运动员队伍,前提是具备师资力量雄厚这一基本保障条件,只有质量优、结构合理的网球师资队伍才能培养出优秀的网球运动员。培养网球后备人才的教学与训练能力,也是为了使其在将来能够培养下一代优秀的后备人才及运动员,形成良性培养机制,促进我国网球运动的传承与可持续发展。本章就网球后备人才教学与训练能力与提高进行研究,主要内容包括网球教学与训练的基本任务、原则与方法、教学管理与训练计划制定以及教学与训练效果评价。

第一节 网球教学与训练的基本任务

一、网球教学任务

网球运动是青少年学生非常喜爱的一项体育运动。在学校开展网球教学,应完成以下几项重要的教学任务。

第一,通过网球教学对学生进行思想品德教育和专业思想教育,对学生遵守纪律的习惯、团结协作的精神和顽强拼搏的品质以及竞争意识进行培养。

第二,通过网球教学,让学生掌握网球基本理论知识、技战术能力,具备从事初等网球教学的能力,会讲、会做、会学、会教。

第三,通过网球教学,使学生掌握体质锻炼的方法与手段,养成运动锻炼的好习惯,为全民健身的开展做出贡献。

二、网球训练任务

网球训练任务主要有以下几点:

(一)发展身体素质

掌握网球技战术并发挥技战术能力要以良好的身体素质为基础。通过网球训练,使运动员拥有良好的身体素质,这对其掌握技战术,参加比赛,减少运动损伤,延长运动寿命都具有非常重要的意义。

(二)发展心理素质

随着网球运动的高速发展,运动员的职业化发展越来越快,运用大量科学手段最大限度挖掘运动员的潜能已受到了教练员的高度重视。这也是优秀运动员的体能、技战术等竞技能力越来越接近的主要原因之一。运动员水平越接近,比赛的悬念就越大,往往一两个球就能决定比赛的胜负。这就对运动员的心理素质提出了较高的要求。在其他竞技能力相似的情况下,心理素质高的运动员更能捕捉机会,获得主动权,因此通过网球训练要大力培养运动员的心理素质。

(三)提高技战术水平

通过网球训练,使运动员进一步理解网球运动的基本规律,进而更好地掌握技战术,提高技战术能力,养成良好的运动素养。在实际训练中,还要从运动员个人实际出发,重点加强能在比赛中发挥实用价值的技战术的训练。

(四)培养道德品质和作风

坚忍不拔的毅力、沉着冷静的风格是网球运动员需要具备的基本心理素质。因此在网球运动训练中,应将这些品质与素质的训练作为主要任务,促进运动员全面发展。

第二节 网球教学与训练的原则与方法

一、网球教学原则

(一)自觉积极性原则

自觉积极性原则指的是教师将学生学习的主动性和创造性充分调动起来,使学生的主体作用得到充分发挥,让学生自觉参与学习。

在网球教学中贯彻该原则,需注意以下几点:
(1)明确学习目的。
(2)培养学生对网球运动的兴趣。
(3)了解和把握学生心理活动的规律。
(4)发挥教师的主导作用。

(二)循序渐进原则

循序渐进原则是指网球教学中从学生的认知规律、动作技能形成规律出发对教学内容、运动负荷、教学方法进行正确安排,由简到繁逐步深化,使学生对网球知识、技术和技能进行系统学习与掌握。

在网球教学中贯彻该原则应注意以下几点：

1. 制定好教学文件

网球教学文件包括网球课程教学大纲、教学进度、教案等。网球教学实践中，教学进度主要有两种常见形式，分别是表格符号式(表 4-1)和顺序名称式(表 4-2)。

表 4-1 表格符号式

编号	教学内容	时数	出现次数	课次						

表 4-2 顺序名称式

课次	教学内容	课程类型	备注
1			
2			
3			

教师制作网球教学进度，可参考表 4-3 的案例。

第四章 网球后备人才教学与训练能力培养与提高

表4-3 网球教学进度表示例(30学时)

阶段	课次	教材内容
第一阶段	1	理论课:宣布大纲,网球运动概述
	2	准备姿势,移动步法,握拍法,底线正手挥拍练习
	3	底线正手徒手挥拍练习及结合球练习
	4	底线反手握拍,挥拍练习及结合球练习
第二阶段	5	底线原地正手结合球练习,底线移动正手结合球练习
	6	底线原地反手结合球练习,底线移动中反手练习
	7	底线正手反手移动练习,下手发球
	8	上手发球技术:抛球、挥拍、击球分解动作至完整动作练习
	9	接发球、发球与接发球结合练习
	10	底线正手反手练习,发球、接发球练习
	11	网前截击正手、反手
	12	底线正手反手对角线练习,网前正反手截击练习
	13	底线一正一反多球练习
	14	理论课:网球比赛方法、积分方法、裁判法等
	15	底线正、反手技术,发球、接发球技术,网前正反手截击技术
第三阶段	16	分组循环教学比赛
	17	正手斜线、正手直线、反手直线、反手斜线
	18	底线正反手练习,底线切、削球技术
	19	底线挑高球技术
	20	发球、接发球练习、底线单球练习
	21	理论课:网球技战术
	22	底线正反手、底线上旋高球技术
	23	底线正反手结合上网截击球技术(串联)
	24	网前正反手接球,网前高压球技术
第四阶段	25	录像或影碟:网球主要技战术教法
	26	网球基本战术,网球双打比赛介绍
	27	班级教学比赛、裁判实习
	28	复习
	29	技术技能考试
	30	理论考试

2. 安排好教学内容和组织教法

教师由简到繁安排教学内容和教法,以利于学生接受。不能追求短时效益。

3. 逐步提高运动负荷

应从小到大安排一次网球课的运动负荷,逐步上升,并保持在一定水平上,然后逐步下降。一个学期的网球教学中,运动负荷的安排也应遵循该原则。

(三)因材施教原则

在网球教学中,教师既要提出面向全体学生的统一要求,又要把集体教学和个别指导结合起来,正视不同学生的个体差异,使每个学生都得到发展。

在网球教学中贯彻该原则应注意以下几点:
(1)了解学生的一般情况和个体特点。
(2)一般要求和个别对待相结合。

(四)巩固提高原则

在网球教学中应使学生牢固掌握网球知识、技术和技能,不断发展身体素质,增强体质,这就是巩固提高原则。

在网球运动教学中贯彻该原则应注意以下几点:
(1)集中安排网球课。
(2)反复练习,逐步提高。
(3)改变练习条件,提高练习难度。

二、网球教学方法

(一)讲解法

在网球教学中,讲解是非常重要的一个教学方法。讲解的科

学性和艺术性可以反映出网球教师的教学水平,而且直接影响教学效果。在讲解中应注意以下要求:

(1)生动形象。

(2)简明扼要。

(3)与示范紧密结合。

(二)示范法

网球教师的正确示范能使学生获得对动作形象、结构、要领和方法的真切感知,从而建立整体动作概念,正确掌握网球技术。因此,网球教师应不断提高自己的示范质量。

示范中应注意以下要求:

(1)明确示范与观察的重点。

(2)合理安排队形组织与选择示范位置。

(3)正确选择示范面与调控示范速度。

(4)进行正误对比示范。

(三)预防和纠正错误动作法

教师为了防止和纠正学生在网球学习与练习中出现的动作错误所采用的方法就是预防和纠正错误动作法。在网球教学中,教师不能只指出学生的错误,还要帮助学生分析产生错误的原因,使学生深入理解动作要领,并自觉改正。

(四)学生自学、自练、自评方法

网球教学中,学生的学练方法体系如图 4-1 所示。

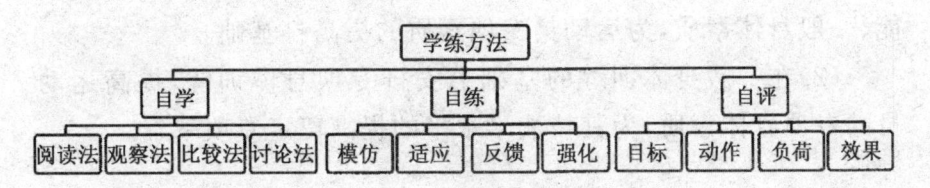

图 4-1

1. 自学方法

学生学习网球基本理论,领会网球技术动作要领,掌握网球技术环节的方法就是自学法。它包括阅读、观察、比较、讨论等具体方法。

2. 自练方法

学生根据自身情况有目的地反复练习某一网球技术动作的方法就是自练法。它包括模仿、适应、反馈、强化等多种练习方法。

3. 自评方法

学生在练习过程中,判断自己学练的标准、质量与效果,进而进行有效控制与调节的方法就是自评方法。它包括目标评价、动作评价、负荷评价、效果评价等具体方法。

三、网球训练原则

(一)身体素质训练与专项素质训练结合

1. 一般身体训练同专项身体训练相结合

教练员应结合一般身体训练和专项身体训练来组织网球训练。这主要从以下两方面进行:

(1)通过一般身体训练,全面锻炼运动员的身体形态、生理机能、一般身体素质,为运动员专项素质的提高打基础。

(2)在一般身体训练的基础上安排专项身体训练,提高运动员的专项身体素质,为其技战术水平的提高奠定专项基础。

2. 身体训练同专项特点相结合

在网球运动身体训练中,训练内容、训练方法的安排必须与

第四章　网球后备人才教学与训练能力培养与提高

专项的特点相符,根据网球运动对运动员身体素质的要求,在培养运动员各项身体素质时,分轻重缓急。例如,灵敏素质的培养应比柔韧素质重要,爆发力的训练比重应比一般力量的训练比重多。

此外,在素质训练安排中,还应以各时期技战术训练的基本要求为依据各有侧重。比如,在同一时期中,当技术训练的主要目的是提高技术质量时,主要安排速度和力量性的素质训练;当技术训练的主要目的是提高移动击球能力时,对步法起动、速度素质的练习多加安排。

在准备期,一般身体训练的比重要比专项身体训练的比重大;比赛期则相反。

3. 合理安排身体训练的顺序

在网球运动身体训练的安排中,对运动员各素质之间的关系应综合考虑,对其先后顺序合理安排。比如,速度和反应练习安排在力量和耐力前;在进行步法移动、挥拍练习以及肢体力量练习时,可以将这几项编成组,进行循环性练习,使身体各部位获得积极休息。

4. 对各身体素质的训练区别对待

在网球身体训练中,对于全体队员身体素质的共性问题,需统一安排训练,但因为不同队员的素质发展是有差异的,所以还应在统一训练的基础上区别对待,因人而宜。

(二)一般技术同特长技术结合

全面的技术和较好战术技巧是网球运动员在比赛中战胜对手,取得优异运动成绩的关键因素。所以,在网球训练中,这方面的安排至关重要,教练员必须通过合理的训练计划使运动员循序渐进地掌握全面的技术。

此外,不同运动员的打法优势和特点是有差异的,教练员在确保运动员掌握一般技术的同时,还应强调对运动员特长技术或优势技术的重点培养。只有这样,网球运动员才能在比赛中灵活发挥竞技能力,以特长与优势获取主动权,为最终的胜利而争取希望。

1. 一般技术应达到的要求

网球运动员掌握一般技术时,必须做到全面,而且要达到以下几个要求:

(1)技术无明显弱点和缺陷。

(2)在不同性能的场地上都能适应。

(3)面对不同打法的对手都能适应和对付。

2. 特长技术训练

网球运动员特长技术的培养应注意以下几点:

(1)从运动员身体素质特点出发将特长技术确定下来并重点培养,如是运动员属于力量型选手,可重点将其发球和上网技术培养为特长技术。

(2)从个人打法特点出发,培养与训练个人特长技术,如发球、底线技术、上网技术等。

(3)运动员特长技术的培养要符合其技术风格。例如,运动员的技术风格为"快变",则应通过加快击球速度及落点变化等方面将个人技术特长发挥出来。而如果运动员的技术风格为"凶狠",则应从增强击球力量方面将技术特长凸显出来。

(三)赛练结合

网球运动中,通过特定的比赛可以培养运动员的比赛意识,提高运动员的适应能力,此外还能使运动员的技战术能力和心理素质得到提高与发展。因此,网球训练中,比赛是一种非常积极有效而又特殊的手段,特定的比赛必须服从训练的需要,为提高训练效果,实现训练目标而服务。所以,将训练和比赛的关系处理好,在网球训练中具有重要意义。

在网球训练中,特定的比赛有如下几种:

第四章　网球后备人才教学与训练能力培养与提高

1. 技术比赛

（1）技术比赛的目的是使运动员的技术质量不断巩固和提高。

（2）技术比赛包括单个技术比赛（如发球技术）、结合技术比赛（如发球与接发球的结合）。

2. 战术比赛

战术比赛的目的是促进运动员战术质量及运用能力的提高。如发球上网截击比赛，可在规定的次数或局数中，计算得失分比率。

3. 有针对性的比赛

有针对性的比赛指的是像领先球的比赛、关键比分的比赛、落后球的比赛等旨在提高运动员某一方面能力为主的比赛。

4. 综合练习比赛

综合练习比赛的目的是促进运动员比赛意识的提高及战术运用能力的增强。这种比赛既可安排在训练课中，训练形式为"打擂台""争上游"等，也可以队内循环赛、淘汰赛、团体赛等比赛形式定期举行。

对上述各种比赛的安排应注意以下几个要点：

（1）明确比赛目的。

（2）比赛时间和次数不宜过多过长，以免影响运动员的体力与精神状态。

（3）比赛形式与组织方法既要有利于实现比赛目的，又要考虑运动员的个人兴趣。

（4）运动员将一定技术、战术基本掌握后再安排比赛，避免对运动员的正确动作动力定型造成破坏。

(四)合理安排运动负荷

教练员可以以疲劳和恢复的相互关系、超量恢复及其积累、负荷不变则有机体机能活动可以更加"节省化"等理论为依据,合理安排运动负荷。

了解运动负荷的知识在网球训练中非常重要,有助于提高运动员的训练效果,同时能够使运动员进行自我调整,从而有效避免运动损伤的发生。

四、网球训练方法

(一)系统训练法

网球由四个基本技术系统组成,即发球、接发球、底线球和网前球,网球运动员必须全面掌握各种技术,因此在训练中要采用系统训练法,进行系统整体的训练。

这一训练方法有明确的目的和清晰的条理,可以根据运动员的具体情况而选用,但整个系统中的各环节和技术必须都包括在训练中,并有机串连起来。

(二)重复训练法

在网球训练中,运动员集中训练某一项技术或战术,通过多次重复,形成条件反射,从而能够达到牢固掌握该技术或战术的效果。如网球发球技术训练、反弹球技术训练等。

在网球重复训练中,应注意以下几点:
(1)明确训练目的。
(2)对训练数量、时间、重复次数及负荷等要素进行合理规定。
(3)充分安排训练间歇时间。
(4)加强思想教育,培养兴趣和意志品质,调动积极性。
(5)选择适合不同运动员特点的训练方法。

(三)变换训练法

针对同一个训练内容、训练任务,在一次训练课中运用不同训练方法,或在若干训练课中采用不同训练方法的训练就是变换训练。这个训练方法拓展了解决问题的途径,有利于运动员训练积极性的提高。

在网球变换训练中,需注意以下几点:
(1)根据训练任务和问题调整练习负荷、动作组合和条件。
(2)掌握好训练时机。
(3)选择同比赛要求相适应的技战术练习形式。
(4)运动员每个技术动作都应有比赛场上的战术意识。

(四)对抗训练法

对抗训练法是结合实战的训练形式,更适用于高水平运动员。在网球训练中运用对抗训练法需注意以下要点:
(1)对抗双方实力均衡。
(2)强调训练重点和目的。

(五)竞赛训练法

在比赛条件和要求下进行网球训练就是竞赛训练法,具体包括身体素质竞赛、游戏性竞赛、技战术竞赛、与高水平运动员对抗的比赛、训练性竞赛等竞赛形式。这是提高网球运动员训练兴趣和积极性,提高运动员技战术水平和改善其心理状态的有效手段。

网球竞赛训练中需注意以下要点:
(1)竞赛方法的选择以训练任务为依据。
(2)做好安全工作,合理安排运动负荷,控制好时间,防止运动员过度疲劳或发生伤害事故。
(3)通过比赛培养运动员的竞技品德和作风,融入思想教育。

(六)串连训练法

网球运动员在比赛中都是将各项技术结合起来运用的,因此在日常训练中除了要训练单个技术,还要将技术组合起来训练。这有利于培养运动员的技术运用能力及比赛能力。

(七)极限训练法

极限训练法具有强度大、密度高、练习时间较长、要求高的特点,这一训练方法的意义在于对运动员的专项耐力素质、顽强意志品质进行培养。

采用极限训练法必须正确把握负荷量的大小,使运动员竭尽全力才能完成任务。

(八)电脑训练法

电脑训练法指的是运用电脑收集、处理信息,控制和指导训练的方法。这种训练法的针对性强,能够获取大量可靠信息,而且具有先进性。

(九)恢复训练法

在紧张训练或激烈比赛后,为调整运动员的状态,促使其恢复而采取的训练方法就是恢复训练法。恢复训练法能够使运动员达到超量恢复,为接下来的比赛或训练做准备。恢复训练以积极休息为主,使身心迅速恢复正常。

第三节 网球教学管理与训练计划制订

一、网球教学管理

(一)网球教学形态管理

网球教学中,常见的组织形式是班级教学、分组教学。它们各有优点和不足。教师需根据实际情况有针对性地选用并加强管理。对这两种教学形态管理的分析如下：

1. 班级教学的管理

班级教学这一教学形态比较高效，学生可在较短时间内快速掌握网球知识和技能，从而达成教学目标。而且在这种形态的教学中，教师实施课堂教学管理比较方便，教师的作用可以充分发挥出来。

但是，班级教学中，学生的个体差异不容易受到重视，对培养学生的创新精神不利，而且学生的主体性体现得不够明显。因此，在这种教学形态的管理中，应弥补缺陷，发挥优势。

2. 分组教学的管理

分组教学同样具有班级教学的优势，而且弥补了班级教学忽视学生个体差异的不足，教师可以针对性地指导不同的学生。分组时，可以按学生对网球的兴趣、运动基础来分，也可以按学生的网球技能水平来分，从而提高学习兴趣和教学管理效果。

(二)网球教学秩序管理

网球教学中，管理教学秩序十分必要，既能约束学生的不良行为，又能发挥学生的主观能动性。在管理中应注意以下几点：

(1)讲解网球知识，示范网球技术动作时，对学生进行约束性管理。

(2)组织学生集体练习时，对相关动作进行约束性管理。

(3)引导学生分组练习和探究，强化自主管理。

(4)当学生间相互帮助与合作时，引导其自主管理。

(5)学生重复练习网球技能时，引导其进行自主管理。

(6)学生总结个人学习情况时，做好自主管理。

(7)在教学总结环节不能放松对学生的管理。

(三)网球教学课组织管理

1. 课前准备

网球教师在正式上课前要做好课前准备,也就是要备好课,备课不充分,或没有备课,都会使上课质量受到影响。

备课环节,以下工作要做到位:

(1)钻研教材。

研究网球教学大纲,领会教学要求,根据教材重难点设计教材内容。

(2)了解学生。

了解学生的网球基础、体质状况、运动基础及技能水平等。

(3)选择教学方法。

对网球教学方法的选择应以教学任务、学生实际、学校教学条件及教师教学能力为依据。

(4)编写教案。

编写教案是备课的最终结果,教案是教师正式开始网球课教学的直接依据,编写教案时,教学目标、教学内容、教学方法、教学重点、运动负荷以及场地器材等内容缺一不可,必要时还要有课后记录。

教案的形式主要采用表格式(表 4-4),在网球实践课教学中对这一形式的运用更普遍。

表 4-4 网球教案表格

班级_____第____次课时间_____任课老师_____

教学内容			地点	
课的任务				
课的部分	时间	教学内容		组织教法
器材				
小结布置课后作业和下次课的内容				

第四章 网球后备人才教学与训练能力培养与提高

网球教师可按照上表中的基本结构来编写教案,具体可参考表 4-5 的案例。

表 4-5 网球课教案示例(80 分钟)

教材	1. 复习底线正、反手技术 2. 学习发球技术 3. 体能练习		
教学目标	1. 巩固底线正手抽球技术,使学生将正手抽球技术熟练掌握 2. 对网球底线反手技术进行改进,不要让学生出现明显技术弱项 3. 学习上手发球技术,使学生对基本发球动作环节有所了解 4. 采用间歇跑的形式(50 米快跑、50 米慢跑)培养学生的速度耐力		场地器材 1. 4 片网球场 2. 田径场

部分		课的内容	组织与实施	
			教师活动	学生活动
准备活动	15 分钟	1. 课堂常规 2. 准备活动 3. 徒手操	1. 宣布本课教学内容及教学要求 2. 用口令指挥学生做准备活动	1. 上课队形:四列横队 2. 徒手操练习:要求注意力集中,动作整齐
基本部分	60 分钟	1. 熟悉球性练习	1. 讲解示范 (1)握拍动作 (2)用力动作 2. 典型学生示范 3. 个别指导	1. 一人用拍垫球练习 2. 两人一组对垫 3. 两人隔网对拦
		2. 底线正手练习	1. 讲解示范 (1)握拍方法 (2)挥拍动作 (3)送球 2. 一对一指导	1. 集体徒手练习 2. 两人面对面练习 3. 结合球练习 要求:动作规范、协调用力

续表

部分		课的内容	组织与实施	
			教师活动	学生活动
基本部分	60分钟	3. 底线反手练习	1. 讲解示范 (1)握拍方式 (2)上下肢的配合 (3)单反与双反的优缺点 2. 巡回指导	1. 两人一组,相互纠正对方的握拍动作 2. 集体徒手练习(完整动作) 3. 结合球练习
		4. 发球练习	1. 讲解示范 (1)完整发球 (2)分解发球动作 2. 逐一指导	1. 握拍方法 2. 分解动作练习 3. 徒手练习(完整动作) 4. 抛球练习
		5. 身体素质练习	1. 讲解 速度耐力的重要性 2.5人一组练习方法	1. 柔韧练习 2. 热身运动 3. 变速跑练习
结束部分	5分钟	1. 放松练习 2. 课程小结	1. 组织学生放松练习 2. 课堂小结,布置作业	1. 四列横队,放松练习 2. 要求:轻松、协调

2. 网球课的组织实施

网球课的组织与实施是网球课堂教学的中心环节,也是最重要的实践环节。在组织实施中应注意以下几点,以保障课堂教学质量。

(1)明确教学目的。

(2)安排恰当的教学内容。

(3)选择适宜的教学方法。

(4)保证教学组织的严密性。

3. 总结

网球课结束后,及时总结本节课教学情况,发现问题,争取下节课取得更好的效果。

课后总结可以从以下几方面着手：
(1)课堂教学秩序情况。
(2)网球教学方法的运用情况。
(3)学生对本节课的兴趣情况。
(4)学生身心素质发展情况。
(5)学生掌握网球技能的情况。
(6)网球教学效率控制情况。
(7)网球教学目标达成情况。

二、网球训练计划制订

常见的训练计划有多年计划、年度计划、阶段计划、周计划、日计划、课计划、单元计划等几种类型，见表4-6。

表4-6 训练计划类型

计划类型	计划的构成	计划的功能
多年计划	2～10年	长期宏观控制安排
年度计划	1～3个大周期	中期定向控制
阶段计划	2～6个月以上	承上启下调控计划偏差
周计划		短期训练安排
日计划		短期训练安排
课计划		训练实施
单元计划		各种计划的计划,实施具体训练内容

上述训练计划的分类同样适用于网球训练中,但根据具体情况有所改变与调整,下面主要分析网球年度训练计划、月训练计划、周训练计划、日训练计划以及训练课计划的制订。

（一）年度训练计划制订

网球运动的赛季或非赛季性区别比较明显。高水平网球选手一年中很长时间都是在国内、国际连续的大赛中度过的。这样很容易疲劳，而且可能诱发一些身体疾病与健康问题。因此，在网球年度训练计划的制订中，教练员必须充分考虑运动员的身心发育规律，根据全年网球比赛的安排对一年的训练进行阶段划分，以便网球选手可以灵活应对，提高训练与比赛成绩。同时，这也有助于网球选手身体与精神状态的调整与疲劳恢复。

网球全年训练计划一般分为准备阶段（一般性准备阶段和专项性准备阶段）、比赛阶段、赛前阶段、过渡阶段（彻底休息阶段和积极休整阶段）四个阶段。在不同训练阶段，训练目的、任务、内容、要求都不同。

1. 准备阶段

一般准备阶段和专项准备阶段的安排分别见表4-7和表4-8。

表4-7 一般准备阶段的安排

目的	1. 适应训练量 2. 打好基础 3. 锻炼体能 4. 练好力量 5. 培养果断的品质 6. 了解战术目标 7. 学习网球专项动作 8. 提高责任心 9. 淡化比赛结果 10. 打出风格
时间	1. 不少于4周 2. 5~6周 3. 一般性和专项性准备阶段共4~12周

第四章　网球后备人才教学与训练能力培养与提高

续表

体能	1. 有氧训练、心肺耐力训练 2. 心率达到 55％、85％ 3. 连续长距离训练（每次 25～40 分钟），每周 3～4 次 4. 间歇训练 5. 交叉训练 6. 大运动量训练 7. 一周 2～3 次力量训练，每次 30 分钟 8. 轻杠铃重复进行力量训练（每组 12～15 次，2～3 组）
心理	1. 确定近期目标 2. 了解心理缺陷 3. 建立心理档案
技战术	1. 提高对攻能力 2. 确保技术正确 3. 击球过网 4. 运动员加倍努力 5. 能救每个球 6. 传授新技能 7. 完善击球技术 8. 改进不足，发扬长处
比赛	1. 对比赛结果不要太在意 2. 控制参赛次数 3. 利用比赛提高实战技能 4. 为长期提高与发展而参赛

表 4-8　专项准备阶段的安排

目的	1. 成为攻击型选手 2. 完善技战术 3. 提高专项身体素质 4. 小运动量，大强度
时间	1. 不少于 4 周 2. 5～6 周 3. 准备阶段共 4～12 周

续表

体能	1. 无氧训练 2. 速度训练 3. 爆发力训练 4. 力量训练 5. 按接近比赛的标准安排训练和休息的比率 6. 用80%的时间做每组动作20秒以下的练习,其余时间做每组动作20秒以上的练习
心理	1. 强调心理技能 2. 适应压力 2. 检讨情绪习性 4. 树立自信 5. 目标定向 6. 掌握放松技巧 7. 保持愉悦的心情
技战术	1. 训练特长技术 2. 接受战术知识 3. 爆发力训练(大强度) 4. 专项发球和接发球训练 5. 练习比赛中用到的打法 6. 用整个场地模拟比赛 7. 设计大强度实战训练方案,培养自信 8. 适当缩短训练课时间,但强度和质量不能忽视
比赛	1. 多参加二流水平的比赛 2. 增加模拟比赛

2. 赛前阶段和比赛阶段

赛前阶段和比赛阶段的安排见表4-9。

第四章 网球后备人才教学与训练能力培养与提高

表 4-9 赛前阶段和比赛阶段的安排

	赛前阶段	比赛阶段
目的	1. 调整比赛技能 2. 通过实战检验技能 3. 短期内提出技能改进建议 4. 专项、大强度、小运动量的体能训练 5. 临近比赛减少训练量	1. 在比赛中保持最佳状态 2. 体能、心理、技术保持良好状态 3. 比赛和休息交替安排
时间	一周至数周	1. 最佳状态只能保持3周,一年中有3~4次能保持最佳这状态 2. 比赛阶段长达数周至数月
体能	1. 增加杠铃重量、减少重复次数（每组4~8次,4~5组） 2. 反应练习、短距离加速跑、弹跳等无氧训练 3. 有氧训练适当减少 4. 专项灵敏素质和网球移动训练（模仿练习、娱乐性练习、反应测验）	1. 保持良好的力量水平和耐力水平 2. 将力量训练周期缩短 3. 连续训练（每组12~15次,1~2组） 4. 保持良好的体能水平 5. "长跑练习"适当增加（加速跑、间歇跑） 6. 每周1~2次跑,每次25~40分钟,保持良好的体质
心理	1. 创造积极环境 2. 表扬长处与优势,强调优势训练 3. 想象训练与放松训练 4. 巩固心理基本功 5. 增强信心	1. 做好一切准备,快速进入比赛状态 2. 赛前和赛后日常活动 3. 集中注意力 4. 激励运动员 5. 强调纪律 6. 运用录像
技战术	1. 战术性反馈 2. 准备活动时间接近赛前准备活动时间 3. 达到最佳心理状态,多安排心理训练课 4. 突出技术特点,训练技术特长 5. 结合实战安排训练课 6. 做大的调整	1. 网球专项爆发力训练 2. 运动员适应比赛类型 3. 赛前做好身体、心理、技术等方面的准备 4. 针对不同运动员的特点确定赛前常规 5. 赛后做伸展练习和整理活动 6. 依据比赛场数决定运动量 7. 做小的调整 8. 从对手、场地出发安排接近比赛的专项训练

续表

	赛前阶段	比赛阶段
比赛	1. 参加准备性比赛 2. 比赛训练和对攻训练	保持最佳竞技状态参赛

3. 过渡阶段

过渡阶段的训练安排见表4-10

表4-10 过渡阶段的训练安排

目的	1. 消除紧张状态,恢复正常 2. 赛后积极恢复 3. 身心休整和恢复 4. 评估赛中发挥 5. 讨论赛中出现的问题,在下个准备阶段加以注意
时间	1～4周
体能	1. 参加足球、篮球、曲棍球等活动 2. 小强度身体训练 3. 交叉训练
心理	回顾并反思比赛阶段的心理表现
技战术	改变技术动作的训练
比赛	1. 休息日安排积极健康的娱乐活动 2. 通过一定时间的网球活动获得恢复

网球年度训练计划可分为单周期分阶段法和双周期分阶段法,前者是由四个训练期组成的一个周期,后者是由四个训练期组成的两个周期。采用第二种方法时,准备阶段、赛前阶段和过渡阶段的时间比第一个方法短。年度计划和年度训练期的划分法见表4-11。

第四章　网球后备人才教学与训练能力培养与提高

表 4-11　年度计划和年度训练期的不同划分法

计划阶段	划分为	计划分段
多年周期	→	一年的周期(2～8年)
一年周期	→	训练期或大周期(准备阶段、比赛阶段、过渡阶段)
训练期或大周期	→	中周期(3～5周至1个月)
中周期	→	小周期(1周)
小周期	→	日周期(7个循环/周)
日周期	→	训练课(1～5节/天)
训练课	→	一节课由准备活动、主要部分、整理活动组成
一节课的组成部分	→	分钟(练习、几组等)

(二)月训练计划制订

月训练计划的时间大约为2～6周。月周期的训练计划主要有以下几种类型：

1. 开始期

(1)准备阶段的初期。
(2)时间大约为2周。
(3)小负荷练习。

2. 准备期

(1)准备阶段的持续期。
(2)时间为2周以上。
(3)身体和技术训练为主。
(4)大运动量,大强度。

3. 赛前期

(1)准备和比赛阶段的技战术加工期。
(2)时间为2周以上。
(3)网球专项训练和比赛训练。
(4)小运动量,大强度。

4. 比赛期

(1)比赛阶段。

(2)连续时间在三周内。

(3)为比赛做好技战术、身心方面的准备。

5. 恢复期

(1)准备、比赛和过渡阶段中的恢复期。

(2)持续时间数日至数周。

(3)小负荷练习。

(4)参加其他项目活动,交叉练习。

(三)周训练计划制订

周训练计划是分阶段训练法的基础,最多持续一周时间,主要提供的信息与强度、数量和训练课顺序有关,信息比较详细。这种小周期训练有利于在单独训练课中集中精力完成一个特定目标,虽然训练课频率快,但能克服单调枯燥的训练缺陷。

根据分阶段训练法,周训练计划主要有以下几种类型:

1. 准备期

一般准备小周期:体能训练80%,网球训练20%。

专项准备小周期:体能训练、网球训练及综合训练的比例分别为50%、35%和15%。

2. 赛前期

体能训练、网球训练及比赛的比例分别为30%、50%和20%。

3. 减量期

(1)赛前准备阶段中的训练量逐渐减少。

(2)练习安排接近实战。

(3)将训练课的时间和频率适当减少。

第四章 网球后备人才教学与训练能力培养与提高

4. 比赛期

(1)最多有 2~3 个连续的小周期。

(2)训练课强度同比赛,结合恢复练习。

(3)体能训练、网球训练及正式比赛的比例分别为 15%、15% 和 70%。

5. 休整期

(1)临近赛事时,最好安排一个小周期来积极休整,时间为 3~4 天。

(2)网球训练、练习比赛、体能训练和参加其他活动的比例分别为 40%、15% 和 45%。

(3)经过修整期,运动员直接进入赛前阶段(跳过准备阶段)。

经过强度小的训练课或几天没有进行大强度训练后,安排大强度训练,主要训练无氧耐力、速度、灵敏性等素质。在准备阶段的每周开始或将结束时安排力量训练,在比赛阶段,树立自信,在接近正式比赛前的几天加强心理训练与调整。

周训练计划示例见表 4-12。

表 4-12 周计划样本

周计划样本 14 周中的第 5 周			
星期日	身体训练	心理训练	技战术训练
星期一	加速跑	重点放在打球的节奏	发球和接发球 一发的成功率
星期二	比赛中的加速跑	重点放在姿势和动作的模仿	底线的稳定性 双打的接发球
星期三			比赛日
星期四	娱乐性练习	讨论比赛结果	救球(复原)
星期五	放松跑和伸展活动	放松、精力集中和压力练习	打记分 抢 7 分比赛
星期六			比赛日

(四)日训练计划制订

一周内每天的训练课必须科学、合理地安排。相邻两天的训练计划应注意逻辑关联性。在经过一天大强度训练以后,接下来的日训练就应该以小强度和小运动量为主。

在正式比赛日到来前的几天,每天的训练逐渐减少运动量,当运动员充分休息后,在周末以后的日训练计划中安排大运动量或大强度的训练。如果将在每节训练课中获得最大的收益作为基本训练目标,每天、每节课和每项练习中的训练既要有一定的负荷量,又要有休整;既要有数量,又要有强度。

日周期训练计划可分为一节课方案和数节课方案。

1. 一节课方案

(1)最好把训练课安排在上午,这时运动员体力比较充足,精神状态好。

(2)训练课中应适当安排身体训练、心理训练和技战术训练等内容。

(3)开始训练前安排一些身体和技术方面的准备活动。

2. 数节课方案

数节课的方案对优秀的运动员更适用。一天安排 2 或 3 节短训练课,每节课 90~120 分钟。在日训练计划中将身体训练、心理训练、技战术训练结合起来安排,注意比例的调控。

(五)训练课计划制定

每节课的负荷量必须合理制定,旨在使运动员的适应力不断提高。此外还要将不同训练课的顺序安排好。训练课按不同的顺序实施,产生的结果就会有差异。

(1)在一般准备阶段,主要训练目标是增强体能,因此体能训练课应安排在技术训练课前。

第四章　网球后备人才教学与训练能力培养与提高

(2)在专项准备阶段,在体能训练课与战术训练课前安排技术训练课。

(3)在赛前阶段,在技术训练课前安排战术训练课。

(4)在大运动量日以后,速度、爆发力或最大力量的训练暂时不作安排。耐力训练课不适合安排在速度、技术、柔韧性或最大力量训练课前。

第四节　网球教学与训练效果的科学评价

一、网球教学与训练效果评价的原则

(一)科学性原则

科学性原则是指网球教学与训练效果评价中,采用科学的方法和技术对教学与训练结果进行评价。

贯彻该评价原则需注意以下几点:
(1)以科学的态度进行评价,做到实事求是。
(2)科学建立评价指标体系,保障与提高评价理论与评价技术的科学性。
(3)评价方法必须科学可行,提高评价结果的准确性与可靠性。

(二)客观性原则

客观性原则指的是评价者依据真实的资料,客观地对网球教学与训练的成果进行价值判断。该原则强调评价结论与客观事实的一致性。

贯彻这一评价原则,需注意以下几点:
(1)明确评价标准,严格执行标准。
(2)对评价对象信息的搜集要准确。
(3)规范评价程序,做到公平、公正。
(4)培养评价者的职业素养。

(三)整体性原则

整体性原则是指在网球教学与训练评价中,应从多个角度全方位考量教学与训练结果,避免发生以点带面、以偏概全的现象。

贯彻该评价原则需注意以下几点:
(1)评价标准全面。
(2)根据评价对象有所侧重,从主要矛盾着手对主要问题进行解决。
(3)结合定性和定量两种评价方式。

(四)全面性原则

全面性原则是指在网球教学与训练效果评价中,全面评价各个方面,不要刻意突出对其中某一方面的评价。

贯彻该评价原则需注意以下几点:
(1)制定评价指标体系时注意全面性,综合考虑评价对象的各个方面。
(2)对评价对象相关信息的搜集与分析要全面。

(五)激励性原则

激励性原则是指通过网球教学与训练结果评价应激发评价对象继续努力或自觉改善缺陷,提高教学与训练效果。

贯彻该评价原则应注意以下几点:
(1)评价过程和结果要客观、公正。
(2)立足实际充分考虑客观条件为评价对象提供活动的可能性空间,使评价结果被评价对象轻松接受。

二、网球教学与训练效果评价的科学实施

网球教学与训练效果评价的科学实施应从以下几方面展开：

（一）确定评价目的

网球教学与训练是在一定的目的指导下进行的，网球教学与训练效果的评价也是如此。确定评价目的是评价的第一环节。评价目的对其他评价工作的开展具有决定性影响，评价目的不同，组织形式、内容和方法都会有差异。

（二）成立评价小组

根据具体情况设立网球教学与训练评价小组或机构，评价组织可以是临时的，也可以是长期的，不管哪种形式，权威性都是必不可少的。一般评价小组或机构的成员由专家和分管领导组成。

（三）确立评价指标体系

根据网球教学与训练的目的，分析教学与训练目标，并使之具体化，这是确立评价指标体系的重中之重。评价者要对评价指标认真研究，尽可能采取试评的方式获取实例或典型，从而统一评价尺度，对合理的网球教学与训练评价指标体系进行构建。确立该体系要严格贯彻科学性、客观全面性、可行性以及发展性原则。

评价指标体系主要包括三部分内容，分别是要素结构（主因素、子因素及分布与地位的结合体）、执行标准和量化方法，缺一不可。

（四）收集与整理评价信息

在评价实施阶段，信息收集是一个非常重要的环节，一般评价人员可通过以下方法来收集信息：

1. 观察法

评价者从评价对象的特点和指标要求出发观察并获取评价信息的方法就是观察法。这一过程是有目的、有计划的。

采用观察法收集信息，会有很多机会获得相关资料，如通过网球教学课，对课堂教学的资料进行搜集，了解学生上课情况和教师备课情况，这有利于更客观地评价教学效果。

2. 访谈法

评价者按已有的访谈提纲，与评价对象正面交流，直接搜集信息的方法就是访谈法。采用该方法可深入了解深层次的问题。

3. 文献资料法

通过查阅关于评价对象的文字材料对评价信息进行搜集的方法就是文献资料法。如查阅学生考试试卷等可评价教学效果。

4. 测验法

以评价内容为依据对等级量表和标准试题进行编制，用以收集评价信息的方法就是测验法。测验法是评价网球教学与训练效果最直接的方法之一，采用该方法可了解评价对象掌握网球知识与技能的情况、各项能力发展状况以及教师与教练员的教学与训练情况等。

(五)鉴定评价结果

鉴定评价结果是指加工与处理收集的评价资料，判断评价结果。实施这一步是为了激励评价对象进一步提高教学与训练质量。在评价中，不仅要做综合判断，还应将评价对象的优劣势都指出来，并分析原因，商讨解决方案。处理评价结果主要包括反馈评价结果、对评价活动质量进行评价以及撰写评价报告等几方面的工作。

第五章　网球后备人才运动能力培养与提高

网球运动中,后备人才的运动能力决定着其在比赛中的发挥,也决定着比赛最终的胜负。具体来说,网球后备人才的运动能力所包含的内容较为广泛,其中,最主要的有运动员的体能素质、心理素质以及职业精神三个方面。本章主要对这三个方面素质和精神的培养与提高进行详细的分析和阐述,在使人们对网球运动员运动能力有所了解的同时,也对其积极学习和参与到网球运动中进行科学的指导。

第一节　网球体能素质培养与提高

一、网球运动员速度素质的培养与提高

（一）反应速度和动作速度训练

以网球运动的特点为依据,网球的反应速度和动作速度的训练和提升要按照以下要求进行。练习强度:100%最大强度或次极限强度;练习负荷:时间最多8秒,练习重复8~15次;重复组数:3~5组;组间休息:2~3分钟;每周训练:1~3次;训练周期:4~6周训练,随后1~2个月休整,接着又是3~5周以上训练,以此方式循环进行。

1. 墙前快速阻击

运动员面对墙前1.5米站立,教练员在运动员身后1米连续快速对墙抛球,运动员用手快速阻击球。需要注意的是,要使运动员有1/4的球不能碰到,以此来增加训练的难度。

2. 发球活靶

一名运动员在发球区内(至少在发球线上),另一名在隔网对面的底线后。底线后的运动员对网前的运动员发球,并不确定击球的方向,而网前的运动员要拦截来球,不能后退。

3. 发球上网

一名运动员发球后上网截击,另一名接发球并穿越。10～15次练习后互相交换位置。

4. 发球和接发球

一名运动员在发球线后发球,另一名接发球。接发球运动员站在发球线和球网之间接发球,从而使接发球的难度增加,预测和判断能力得到强化。练习20～30次后运动员交换位置。

5. 仰卧快速阻击

在无预判情况下,运动员躺在垫子上,手和脚离开地面,教练员对着运动员抛球,运动员用手或手脚并用快速阻击球。

6. 快速接球

运动员站在网前并背对球网,教练员在运动员身后抛球过运动员头顶,运动员看到球后快速向前跑动并接球。需要注意的是,运动员起动前要降低身体重心,用前脚掌跑动。

7. 连续拦截

运动员和教练员隔网站立,教练员连续快速给运动员送10

第五章　网球后备人才运动能力培养与提高

个球,运动员尽可能地用球拍拦截球。需要注意的是,教练员控制击球的方向,并控制在运动员可能的移动范围内。

8. 影子移动

一名运动员按特定路线,或自由地移动,或跑动并完成滑步、上步、交叉步等移动,或转身、急停、做各种击球动作的练习。另一位运动员跟在其身后模仿前面运动员的动作。需要注意的是,运动员保持身体的低重心,移动速度要快。

9. 网前射击

教练员在网前,运动员隔网站立。教练员对着运动员的身体快速击球,运动员用球拍拦截来球,尽可能地拦截过网。需要注意的是,教练员控制击球的高度,保证安全。

10. 一对二截击

一名运动员在网前,另两名隔网站立并距离很近,一对二截击。同一方的两名运动员要果断截击中间位置的球。截击15~20次后运动员变换位置。

11. 截击挑高球和高压

四名运动员在网前进行双打截击练习,教练员给运动员喂球。运动员截击数次后,一方突然挑高球,另一方则立即后退高压。挑高球不能太远。一方高压时,另一方不能后退或躲避。

12. 波浪式攻击

一对运动员在网前,另三对运动员在底线。底线运动员攻击网前运动员,网前运动员截击,如果底线运动员攻击失误,则换成另外一对运动员击球。以比赛的形式进行练习。需要注意的是,网前运动员在网前拦截10~15次失误后交换位置。

13. 快速接球

教练员站在发球线前背对球网，运动员在底线后面对教练员，双方相距3米左右。教练员双手各拿一个球，向侧方向抛球，运动员判断抛球的方向，快速向侧前移动接球，接球后抛回给教练员并回到原位。需要注意的是，教练员要隐蔽抛球，运动员要判断并快速移动。

14. 挑高球和高压

一名运动员在底线，另一名在网前，教练员送球给网前运动员。网前运动员截击球到底线，底线运动员则挑高球，此后双方以高压和挑高球比赛的方式结束这一分。需要注意的是，底线的运动员要快速移动，尽可能碰到球。10次练习后运动员换位。

15. 网前截击

四名运动员在网前截击，以比赛方式决出每一分。需要注意的是，教练员在运动员的身后喂球。

16. 底线击球

（1）教练员喂底线深球：运动员必须向后退，回击直线球穿越网前的运动员。

（2）教练员喂短球：运动员快速向前移动。当击球点高于球网时，回击直线穿越球；当击球点低于球网时，回击斜线穿越球。

（3）教练员喂中等距离的球：运动员快速移动，大幅引拍，大力击球直线穿越网前运动员。

17. 穿越和截击

一名运动员在底线，另一名在网前。教练员送球给网前运动员，运动员截击球到底线，底线运动员则穿越击球，双方以比赛的方式结束这一分。

(二)位移速度训练

网球运动员在进行位移速度的训练和提升时,需要以网球运动的特点为依据,做到以下几个方面的要求。练习强度:最大或次最大强度;练习负荷:依练习而定;重复组数:3～5组,组间休息2～3分钟;每周次数:1～3次;训练时间:4～6周训练后休整1～2个月,然后再训练4～6周,依此方式循环进行;训练方式:在网球专项技术中练习。

1. 快速蹬踏

运动员降低身体重心,上体保持紧张,踝关节收紧,两脚连续交替以极限的快速度频率蹬地。可反复多次训练。

2. 小步跑

运动员上体保持正直,抬高重心,连续交替抬起或降低脚后跟,即用前脚掌扒地小步跑,从而使移动速度提高。需要注意的是,训练过程中要保持身体的平衡,不能晃动;膝关节抬起不能太高或太低。

3. 高抬腿

运动员上体保持正直,抬高重心,连续交替抬起或降低两腿,膝关节抬起至少要到达水平面的高度。需要注意的是,支撑腿要伸直,两腿交换速度要尽可能快。

4. 抬腿组合

将上面的练习1、2、3按一定顺序组合起来,听信号变换训练。可反复多次训练。

5. 后踢腿

运动员上体保持正直,膝关节弯曲,用脚后跟向后踢。需要注意的是,两腿后踢交换速度要尽可能快。可反复多次训练。

6. 交叉步

运动员上体保持正直,两腿在体前交叉,快速向侧面移动。

7. 滑步

运动员上体保持正直,一条腿并向另一条腿,快速向侧面滑动。两腿滑动的速度要尽可能快。可反复多次训练。

8. 侧向移动组合练习

将两个侧向移动的练习组合(一般不超过两个),如果运动员的速度下降,那么训练时间也要缩短。可通过视觉或触觉信号改变训练。

9. 手拍桌子

两手掌交替以最快的速度轻轻拍击桌面。身体重心降低(坐在凳子上),上臂保持紧张。可反复多次训练。

10. 手投发球

运动员跪在垫子上,腰腹部保持紧张,以发球动作向前上方投掷球,掷球的速度要快。球的重量在50~200克,并要保持一定的数量。

11. 对墙拍球

运动员手持排球、健身球等,手上举伸直,对墙近距离拍球。可反复多次训练。

12. 跑梯子

用布梯子放在地面(约20格,每格约30厘米),运动员降低重心,膝关节稍稍弯曲,快速跑过梯子。可反复多次训练。

13. 抗阻力跑

教练员用一根橡皮筋套在运动员的腰上，运动员听到教练员口令后快速向前跑动，教练员用一定的力量牵引并跟随跑动。可反复多次训练。

14. 拳击练习

运动员跪在垫子上，腰腹部保持紧张。运动员用冲拳、左右钩拳、上钩拳快速击打前方。可反复多次训练。

二、网球运动员力量素质培养与提高

(一) 肩和手臂力量素质训练

1. 俯卧撑快推击掌

运动员保持俯卧撑姿势，手臂弯曲，用力完成推手动作，在最高点击手掌，重复同样的动作并保持节奏。需要注意的是，训练过程中要保持躯干正直和紧张。

2. 斜卧推举

运动员仰卧在斜放的凳子上，手将杠铃垂举在空中，随后慢慢放下杠铃到达胸前。如果双手握杠铃的距离大则重点练习的是胸肌，如果窄握则主要练习肩部肌肉和三角肌。需要注意的是，凳子的坡度越大，则练习的胸部肌肉越靠上方。

3. 仰卧推举

运动员仰卧在凳子上，手持杠铃于胸前，随后快速弯曲和伸直手臂。需要注意的是，在手臂伸直时要呼气。

4. 仰卧飞鸟

运动员仰卧在凳子上，手持哑铃，手臂适度弯曲。快速举起哑铃,使两个哑铃能相互碰到,随后缓慢回到原位准备下一次练习。需要注意的是,训练过程中运动员要保持呼吸的节奏。

5. 俯卧飞鸟

运动员俯卧在凳子上,手持哑铃自然下垂。双手平举,直到水平面位置。需要注意的是,手举高度不要超过水平面,并调节呼吸的节奏。

6. 仰卧提拉杠铃

运动员仰卧在凳子上,头和凳子的边缘对齐,手持杠铃于头后上方。快速用力将杠铃拉到垂直身体的位置,放在胸前。随后慢慢放回进行下一次练习。可反复多次训练。

7. 坐姿划船

运动员坐在拉力器的前方,手心向下抓住把手,膝关节稍稍弯曲。用力拉把手,直到手到达自己的身体侧面,回去时要慢慢释放力量。需要注意的是,训练过程中运动员上体要始终保持正直。

8. 颈后推

运动员站立,下肢始终保持直立(最好坐在凳子上),上体保持正直,通过手臂的屈伸,将杠铃从颈后举到头上方。可反复多次训练。

9. 颈后下拉

运动员身体正直,手臂伸直,手心向前抓住器械把手。用力拉把手,低头的同时将把手拉到头颈的后面,回去时要慢慢释放力量。需要注意的是,练习中上体始终保持正直。

10. 杠铃划船

膝关节弯曲,身体伸直并向前倾斜,手伸直抓杠铃的一端。

第五章 网球后备人才运动能力培养与提高

随后身体保持原来的姿势,手拉杠铃到胸前。可反复多次训练。

11. 直立胸前推举

运动员站立,双手抓杠铃在胸前,膝关节稍稍弯曲,快速将杠铃举到自己的头顶,并使手臂伸直。可反复多次训练。

12. 单腿跪划船

运动员单腿跪在凳子上,手持哑铃自然下垂。向后上方拉哑铃,使哑铃到达自己的腹前。调节呼吸节奏,上拉时吸气,到腹前时呼气。注意左右手交换练习。可反复多次训练。

13. 直立胸前提拉

运动员站立,双手正握杠铃,握距约10厘米,将杠铃提拉到胸以上的高度,使杠铃靠近自己的身体,在最高点时,肘关节朝外。需要注意的是,双手握杠铃的距离越近,练习的效果越好。

14. 肩肘外旋

运动员坐在凳子上,屈肘,手持小哑铃放在凳子或桌子上。以肘关节为支撑点,手举哑铃向外转动。可反复多次训练。

15. 侧卧肩部外旋

运动员侧卧在凳子上,肘关节弯曲,手持小哑铃放在身体侧面,手举哑铃向后上方转动。运动员可以更换左右手进行相同的练习。

16. 体前拉举

运动员站立,手持杠铃自然下垂,上体保持正直。双手伸直快速拉起杠铃到水平位置,并轻缓放回到起始位置。可反复多次训练。

17. 侧平拉举

运动员站立,手持哑铃自然下垂,上体保持正直。双手伸直快速拉起哑铃到两侧水平位置,并缓慢回到起始位置。需要注意的是,练习中身体保持正直。

18. 颈后屈伸

运动员坐在凳子上,上体保持正直。两手臂抬起,肘关节弯曲,握杠铃于颈后。通过肘关节的屈伸,将杠铃举到头上方。

19. 手臂绕环

运动员手持小哑铃或小杠铃片,手臂在体侧伸直到水平面上,完成肩环绕练习。可以向前,也可以向后,也可以一前一后地绕环。需要注意的是,哑铃的重量要适宜。

20. 转动侧上举

单手持哑铃在体侧,手臂伸直,大拇指朝前。随后手侧平上举约30°,大拇指朝下或朝上。放回时动作缓慢,可左右手交换练习。可反复多次训练。

21. 前挑手腕

手握锤子柄端,锤头朝前,手自然下垂并伸直,手腕向前上挑。可反复多次训练。

22. 抓球练习

肘关节弯曲90°,手抓网球,握紧3~5秒后放松,每组5~7次,练习3~5组。

23. 反握肘屈伸

运动员站立,两手反握杠铃或哑铃同肩宽,做肘屈伸运动。

可反复多次训练。

24. 手臂内旋和外转

运动员手持小哑铃仰卧在垫子上,上臂和身体垂直,前臂和上臂成 45°、120°角,上下举动哑铃。需要注意的是,哑铃的重量要适宜。

25. 腕屈伸

两手正握或反握杠铃,前臂固定在凳子或膝上,做腕屈伸运动。可反复多次训练。

(二)躯干力量素质训练

网球运动员在进行躯干部分的力量训练时,要按照以下要求进行:重复 8～15 次,3～5 组,组间休息 2～5 分钟(一般力量练习组间间歇短些,爆发力训练组间间歇长些),强度依据练习的要求确定。需要强调的是,速度和爆发力训练时动作要快,特别是爆发力训练要尽可能地快。

1. 背部翘起(平地上)

运动员俯卧在地面上,身体正直并和地面接触,脚尖触地,手前平举。举起手臂同时振起上体尽可能高,连续重复动作。

2. 背部翘起(器械上)

运动员俯卧在长凳/桌子/跳箱上面,髋关节以下的身体部分伸出凳子外面,手扶固定点。双脚并拢,腿举起、放下。

3. 髋抬起

运动员仰卧在垫子上面,手伸直水平放置在身体侧面。髋部(骨盆)缓慢举起随后下降。可反复多次训练。

4. 对侧举起

运动员用手和膝关节支撑地面,随后对侧的手和大腿缓慢举起到水平位置。可反复多次训练。

5. 抱腿团屈

运动员仰卧在垫子上面,收起大腿和小腿,双手抱膝关节。抱紧小腿,抬起上体和头部,尽可能使头和膝关节靠在一起。

6. 空中转腿

运动员仰卧在垫子上面,双手伸直,双脚并拢抬起和地面垂直,快速转动髋关节使双脚接触左右两侧的地面。需要注意的是,练习中要保持肩关节贴着地面。可反复多次训练。

7. 腰回环

运动员双脚站立与肩同宽,双手抓杠铃片,上体转动360°,既可以向左转,也可以向右转。可反复多次训练。

8. 仰卧起坐

运动员仰卧在垫子上面,手抱头颈后方,腿抬起放在凳子上方,大腿和地面垂直。快速做仰卧起坐,身体团到45°或90°左右,随后缓慢回到原位。可反复多次训练。

9. 负重体侧或体转

运动员肩负杠铃,两脚站立与肩同宽,做体侧或体转运动。可反复多次训练。

10. 空中自行车

单脚做自行车蹬踏动作,大腿抬起到胸前。需要注意的是,练习中身体始终靠在垫子上面,并保持呼吸畅通。

11. 收腹举腿

运动员仰卧在垫子上面,手放置身体侧面。收腹的同时举起双腿到垂直位置。收腿的速度要快,随后缓慢放下双腿到起始位置。

12. 侧身起

运动员侧卧在垫子上面,膝关节伸直,踝关节由同伴按住,手抱杠铃片。需要注意的是,身体向上抬起尽可能到最高点。以能力水平为依据来将速度的快慢和手中负重的大小确定下来。左右两侧交换练习。可反复多次训练。

(三)下肢力量素质训练

1. 负重半蹲

运动员将杠铃放在颈后,上体保持正直,两脚分开同肩宽,脚尖稍稍向外。下蹲后保持大腿和地面平行,抬头挺胸,下蹲时吸气,蹲起时呼气。可反复多次训练。

2. 负重蹬起

运动员将杠铃放在颈后,上体保持正直,一只脚放在约 30 厘米高的箱子/凳子上。通过在箱子/凳子上大腿的用力伸直,另一条腿离开地面站在箱子/凳子上并保持身体平衡。随后箱子上的腿先落地,开始下一次练习。可反复多次训练。

3. 坐姿伸腿

运动员坐在凳子上,膝关节放在凳子的边缘外侧,小腿负重并伸屈。需要注意的是,练习中膝关节应以最快的速度屈伸,练习重量要适宜。

4. 45°跨步

运动员保持站立姿势,将杠铃放在颈后。将左脚向右脚侧前方 45°方向跨弓箭步,跨步后重心下降,脚尖适当朝外。随后左腿蹬地起立,回到起始位置,继续右脚向前跨步。需要注意的是,练习时为保证安全,膝关节的位置不要超过前脚踝关节前面。

5. 侧跨步

运动员保持站立姿势,将杠铃放在颈后。将左脚向左侧跨步,脚尖朝跨步的方向,并下降身体的重心。随后起立到起始位置,换右脚向右侧跨步。可反复多次训练。

6. 弓箭步跨步走

运动员保持站立姿势,将杠铃放在颈后。用弓箭步跨步向前走动,并下降身体的重心,保持低重心位置。可反复多次训练。

7. 抓举练习

做标准的抓举动作练习。可反复多次训练。

8. 挺举练习

做完整的挺举动作练习。可反复多次训练。

9. 硬拉

运动员全蹲,手抓杠铃同肩宽。用力蹬地面使身体直立,随后慢慢放下杠铃。需要注意的是,整个练习过程中手臂伸直。

10. 弓箭步推手

两名运动员弓箭步相对站立,双手屈臂相握,然后相互用力做推手动作。需要注意的是,力量应由小到大,有节奏地进行。可反复多次训练。

11. 背靠背转体

两名运动员背靠背站立,全身挺直,手伸直侧平举相互拉住,围绕身体纵轴做连续转动。可反复多次训练。

三、网球运动员耐力素质培养与提高

(一)法特莱克训练法

方法一:准备活动快跑及柔韧练习5分钟。快速跑1分钟→匀速跑3分钟→竞走5分钟→慢跑1分钟→逐渐加速跑3分钟,直到极限后再坚持1分钟→放松跑5分钟→极限跑100米→慢跑5分钟。练习2~3组。

方法二:绕网球场地慢跑5分钟。快速从场地的双打边线移动到另外一条双打边线跑1分钟,85%强度→轻轻跳跃5分钟→从底线到网前的往返极限快跑2分钟→慢跑5分钟→上网截击放小球和往后跑高压或回击穿越球总计3分钟(速度不能下降)→慢跑5分钟。练习2~3组。

(二)渐增式间歇跑

慢跑30米后冲刺跑10米,重复10次→慢跑40米后冲刺15米,重复10次→慢跑50米后冲刺20米,重复10次→慢跑60米后冲刺25米,重复10次。

(三)阶梯变速跑

在操场、田野或公路上,用不同的速度跑3 000~4 000米。采用阶梯式变速方法,如10米快+10米慢跑回→20米快+20米慢返回跑→30米快+30米慢返回跑。练习负荷:强度为60%~70%,总时间为30~40分钟。

(四)组合式间歇跑

方法一:5个800米75%强度,组间休息3分钟→10个20米85%强度,组间休息3分钟→5个200米75%强度,组间休息3分钟→5个100米90%强度。

方法二:10分钟匀速跑,心率为极限心率的75%→5分钟100%强度冲刺跑→5分钟各种姿势慢跑。重复以上练习1~2次。

方法三:30秒慢跑→15秒75%强度跑→5~8秒100%极限速度跑→30秒慢跑,连续不间断循环跑,总计跑30分钟后休息并做整理活动。或加速跑30米,慢跑30米→加速跑50米,慢跑50米→加速跑80米,慢跑80米→加速跑100米,慢跑100米。需要注意的是,练习中只能慢跑,不能走动。总距离2千米或总时间10~30分钟,练习结束后休息10分钟以上恢复体力。

方法四:运动员在沙地上跑,50%强度跑20秒,慢跑1分钟→70%强度跑20秒,慢跑1分钟→90%强度跑20秒,休息1分钟。连续8~15个循环跑。

(五)变速跑

运动员在田径场地内直道极限冲刺,弯道慢跑,总计跑10~15圈。

(六)极限跑

准备活动5分钟—1 000米极限跑,即从开始就以100%的强度跑,直到最后。

(七)跑动抢球

在田径场上教练员和两名运动员相距2~3米,运动员仰卧在地面上。教练员大力将球抛到远方并喊口令,两名运动员快速起立以最快的速度跑动并捡球。随后运动员一起慢跑回来,将球交给教练员,并重复练习。连续重复8~10次。

四、网球运动员柔韧素质培养与提高

(一)颈部柔韧素质训练

1. 前低后仰

站立或坐立,前低头时尽量将下颏靠胸,后仰时下巴尽量上抬。动作要缓慢,整个过程身体不晃动。可反复多次训练。

2. 左右侧转

站立或坐立,头向侧面转动,看自己的肩背的后部而身体不转动,停止 5~7 秒后转到另一侧。可反复多次训练。

3. 左右侧摆

站立或坐立,将耳朵向一侧的肩靠近,停止 5~7 秒后换到另一侧。可反复多次训练。

4. 左右旋转

身体直立,以颈为转动轴,将头左右旋转,动作要缓慢。可反复多次训练。

(二)肩关节柔韧素质训练

1. 向上提肩

站立或坐立,双肩自然下垂。提肩到耳垂停 7 秒钟,慢慢放下。可以单肩提,可以双肩同时提。可反复多次训练。

2. 侧面绕肩

以肩为轴,双手直臂前后环绕。既可以左右手同时向前或向后,也可以一前一后反向环绕。可反复多次训练。

3. 体侧拉肩

直立时一只手自然放松,另一只手侧平举扶固定物。向前挺胸 7~10 秒,交换另一只手。可反复多次训练。

4. 体侧伸展

运动员体侧伸展,一只手在侧面放松,另一只手抬起侧举过头顶。同伴侧面一只手搂住运动员的腰,另一只手推上臂。可反复多次训练。

5. 肩臂伸展

运动员坐在地上,双腿并拢伸直,双手上举(或双手伸直成 45°角),同伴在身后抓住练习者的双手并用腿蹬顶其背部。可反复多次训练。

6. 抬肩屈肘

站立,抬臂屈肘在头上方,另一手抓肘部向内后牵引,直到上臂得到充分牵拉。停 7~10 秒钟,换另一只手练习。此练习是伸展肱三头肌。或将一只手搭在另一侧的肩上,用另一只手按压肘部横向牵引持续 7~10 秒。可反复多次训练。

7. 肩部侧拉

站立,一只手在头后上方,另一只手握住肘关节,向侧面拉开肩部。可反复多次训练。

8. 直臂后拉

站立,双手在身后伸直并握住。向上抬手 7~10 秒并保持身体直立,直到上臂前部感到伸展。可反复多次训练。

9. 体前压肩

手扶球场挡网、肋木等物体,或双人面对俯背相互压肩,体前弯曲压肩静止7秒。可反复多次训练。

10. 背对拉肩

背对球场挡网、背对肋木或双人背对等,拉肩或背弓5~7秒。可反复多次训练。

(三)手腕和肘关节柔韧素质训练

1. 握掌伸展

手握紧拳头后伸展五指。

2. 手指推墙

靠墙前半米站立,身体前倾,用张开的手指连续缓慢推墙。

3. 手腕翻转

双手五指在胸前交叉,手臂伸直掌心向外翻腕,或屈肘做腕关节绕环。可反复多次训练。

4. 直臂压腕

手臂前平举,掌心朝前,手指向上或向下,另一只手抓住手指向内掰手腕持续5~8秒,重复3~5次。或手臂伸直掌心朝内,另一只手抓住手掌向内掰。

5. 肘内外转

手臂前伸,屈肘(也可以伸肘)。手掌向内或外转使手臂向内或外转,同时另一只手抓住手掌,协助手腕和肘关节(整个手臂)向内或外转。

（四）躯干柔韧素质训练

1. 俯卧伸背

俯卧双手伸直支撑地面，腹部着地。上体尽力上抬持续 5～7 秒，练习 3～5 次，髋部和腿放松。

2. 对墙挺胸

面对墙半米站立，双手上举。抬头挺胸，让下颌贴到墙上，幅度由小到大持续 10 秒，练习 3～5 次。

3. 屈身触地

两腿伸直，一条腿在另一条腿前交叉，身体前屈，手尽可能触脚前最远的地方。可反复多次训练。

4. 腰部伸展（PNF）

坐在地面上，双腿伸直并拢，双手前伸抓住脚踝，同伴在身后推其后背。或坐在地面上，双腿伸直分开，双手前伸抓住脚尖，同伴在身后推其后背，伸展腰腿。可反复多次训练。

5. 反向转体

身体直立，脚左右站立，双手抬起平举。一只脚向另一只脚的前方交叉跨步，同时上体向另一侧转动。保持平衡，持续 5～10 秒。

6. 转腰压腿

弓箭步跨步，上体正直，双手左右摆动做体转运动。可反复多次训练。

7. 背对转体

两运动员背对站立双手侧平举，相互挽手，同时转体。

8. 俯身转体

方法一：双脚左右站立，双腿成 45°角左右，上体前倾到水平位置，双手侧平举。以脊柱为轴做左右转动。

方法二：双脚左右站立，俯身双手向前摸一侧的脚踝或向前碰地面，持续 5~7 秒，练习 3~5 次。

9. 挺胸拥抱

先双手侧平举，向前挺胸。随后含胸双手交叉抱紧。可反复多次训练。

10. 俯卧背弓

俯卧，屈膝抬腿。手抱脚踝，身体背弓。可反复多次训练。

11. 体侧伸展

双脚左右站立，一手叉腰，另一只手上举，用力向叉腰一侧做体侧运动。

12. 叉腰伸展

双脚左右站立，两手叉腰，膝关节伸直。尽量向前送髋和上体后倾，使腰部得到伸展，拉伸背脊。

13. 后桥伸展

双脚左右站立，手向上伸。后仰使双手着地，身体成弓形，并逐渐减小手和脚的距离。可反复多次训练。

14. 分腿屈体

分腿坐姿，膝关节弯曲，双手从腿中间后伸。尽量将身体向后下顶。可反复多次训练。

15. 肩肘倒立

用肩肘支撑倒立。

(五)下肢(髋部和膝关节)柔韧素质训练

1. 劈踢摆腿

脚搁在固定物上劈腿,或手扶固定物做各个方向的踢或摆腿。

2. 后腿伸展

运动员仰卧,手脚伸直,抬起一条腿。同伴按住地面的腿,将抬起的腿往身体方向推。

3. 体后拉腿

单脚支撑站立,手扶固定物。同伴抬起另一脚,向上拉。

4. 箭步压腿

弓箭步姿势,上体保持正直,后腿膝关节伸直,双手扶前腿,向下降低重心。可反复多次训练。

5. 侧步压腿

一腿膝关节弯曲,另一腿向侧面伸直,上体保持相对正直,降低重心,拉胯压腿。可反复多次训练。

6. 剪刀腿坐

坐立,屈膝脚掌相对,尽量靠近腹股沟。双膝慢慢向下压,感受大腿内侧的伸展,持续10秒,重复3~5次。

7. 直腿体前屈

坐在地面上,双腿伸直并拢。上体前屈抓脚尖。可反复多次训练。

8. 跨栏攻步

坐在地面上,一腿弯曲外展,另一腿向前伸直脚尖和膝关节向上。身体挺直并向前摆动。可反复多次训练。

9. 俯卧背弓

俯卧,髋碰地面。一腿屈膝,手抓脚背,向前压踝关节到臀部。最好手抓对侧的脚。可反复多次训练。

10. 单脚屈膝

手平举或扶固定物,单脚站立。另一条腿屈膝(膝关节始终对着地面),并用同侧或异侧的手拉脚踝,到达臀部。拉伸股四头肌及大腿的肌肉。可反复多次训练。

11. 小腿伸展

手扶固定物,双脚前后站立,后腿伸直或稍稍弯曲,身体向前倾,重心移到前脚,保持脚后跟不离开地面,拉伸后腿的小腿和跟腱7~10秒,两腿交换,重复3~5次。

12. 叉腿侧腰

手侧扶固定物,外侧腿向内侧腿前交叉,内侧腿承重,另一只手向固定物方向推腰,使髋关节和腰侧面伸展,并提高力量。

13. 坐姿转体

坐姿,一腿伸直,另一腿屈膝,并交叉在另一腿的上方。一手支撑地面,另一手拉膝关节向内转,而上体向外转。可反复多次训练。

14. 仰卧转体

仰卧,手侧平放,一侧的大腿向另一侧转动,肩不离地静止5

秒。双腿交换练习,重复5~7次。

15. 仰卧抱腿

仰卧,上体保持正直,手抱一侧的小腿,尽量用膝触胸。

16. 提踵抬腿

单腿支撑站立,手抱小腿,用力向上拉腿的同时提踵。左右腿交换练习,各4~6次。

17. 转体摸脚

弓箭步跨步,身体转动,前脚同侧的手去摸脚后跟。

18. 抬腿后跨步

抬大腿尽可能高向后跨步,两脚交替跨步。可反复多次训练。

(六)踝关节和足背部柔韧素质训练

1. 各种跳绳

前脚掌着地进行各种跳绳练习。可反复多次训练。

2. 各种姿势行走

做脚内侧、脚外侧、脚跟或脚尖支撑或前脚掌着地的各个方向和速度的行走练习。可反复多次训练。

3. 踝部转动

踝关节左右转动。可反复多次训练。

4. 跨步伸展

双脚前后开立,双手撑地,伸展前后腿和踝关节。

五、网球运动员灵敏素质培养与提高

（一）髋关节灵活性的训练与提升

(1)运动员做起跳 90°、180°、360°转动训练。训练时，运动员两脚左右开立，起跳后髋部转动带动身体做 90°、180°、360°转动。可反复多次训练。

(2)运动员做单脚移动训练。训练时，以运动员的左脚为轴，右脚向前向后移动；以右脚为轴，左脚向前向后移动。可反复多次训练。

(3)运动员做迈步转髋训练。训练时，运动员的髋部向左转动，右腿高抬向左前方迈出，右脚落地时，髋部立即向右转，抬起左腿向右前方迈出。可反复多次训练。

(4)运动员做交叉步移动跑训练。训练时，运动员两脚前后交替左右方向交叉步跑。可反复多次训练。

（二）小腿与踝关节的灵活训练

(1)运动员做快速前后左右提踵跳训练。该动作在沙地做更好，用最快的速度做 15 秒左右。可反复多次训练。

(2)运动员做原地两脚交替快速跑训练。用最快的速度在 10～20 秒钟完成。可反复多次训练。

(3)运动员做移动训练。训练时，运动员并步左右移动；跨步左右和向前移动；交叉步左右和向前移动。可反复多次训练。

（三）手指与腕关节的灵活训练

(1)运动员做快速挥动小竹棍（带竹梢），做鞭打动作训练。可按照上述方法反复进行多次训练。

(2)运动员做拍起地上的篮球训练。可按照上述方法反复进行多次训练。

第二节 网球心理素质培养与提高

一、网球运动员责任感的增强

带着极大的热情向目标奋斗,具有一种自觉地把分内的事情做好的责任心,这就是所谓的责任感。具有责任感的运动员能够忍受更多的痛苦和挫折,承受更大强度、更加艰苦的训练,能够在不断的失败中坚持训练和比赛。

(一)决策平衡表

考虑问题要全面,要从事物的积极和消极两个方面来考虑问题,这也是人们承担责任的一种简单途径。对于网球运动员来说,所需要做的就是将对提高网球责任感有积极作用和消极作用的因素一一列出来。

对积极和消极方面进行总结,可对未来的决策提供更多的反馈。为了确定每个条目的重要性,可对需要集中解决的三个问题的每个条目的重要性按1、2、3依次进行排序和评估,这对于更为合理的行动方案的制定是有所帮助的。

(二)挑战借口

人们总有将自己的决策合理化的倾向,为自己的行为辩解。运动员有时会把自己没有坚持正常训练或水平没有提高的原因归结于教练员、队友或者不可控的环境因素。一般来说,运动员为自己不刻苦训练、逃避竞技训练等消极行为辩解的借口主要有我太累了、我太忙了、我还有更重要的事要做、我明天一定完成、我今天就是提不起精神等。表5-1中,提供了一些针对一般借口的可以采取的抗拒性反馈方案,通过理解和实践这些方法可以逐渐形成针对其他借口的有效反馈机制。

表 5-1 网球训练和比赛中典型的借口与针对性的抗拒反馈

借口	抗拒性反馈
我太累了	打网球可以使我精力充沛。我不想屈服于暂时疲劳的感觉
我还有更重要的事要做	对我而言,没有什么比网球更重要。无论场上还是场下网球都能使我获益——特别是在严格自律方面
我太忙了	网球运动的确耗费时间,但我乐意将时间投入到这项自己心爱的事业中。网球总是能使我保持健康,感觉良好
我明天一定完成	今天的事今天做,明天还有明天要做的事。现在就做,如果做了,我的感觉会更好

(三)承担对网球的责任

当对自己的责任感和提高责任感的有效策略有一个基本概念后,运动员就必须完成三步练习:首先,要客观评价自己的责任感;第二步对哪些因素对提高自己的责任感是密切相关的加以了解;第三步将列表内容综合起来,对自己的怠慢行为和为失败开脱的典型借口加以了解,并将抗拒这些借口的策略提出来。

二、网球运动员自信心的建立

自信是运动员对成功的预料,具体来说,就是在一定的情况下有成功表现的信念。

十分成功和不太成功的网球选手之间的主要区别就在于自信心方面。在网球运动中,运动员拥有的技术和能力能坚定成功的信念。此时运动员不仅技术出众,而且还能将赢得比赛的策略设计出来。

教练员的意见和行为在一定程度上体现出了其对运动员的信任程度。对于运动员来说,在教练员(或别人)相信他们时,他们将更容易相信自己。

(一)建立自信的基本方法

(1)运用反省。比如,何时出现对自己的怀疑,我真的希望打好吗,我的自信在比赛过程中会改变吗?

(2)不断增长知识。

(3)对优秀选手进行模仿练习。

(4)对你的艰苦训练和准备进行回忆。

(5)对比自己与对手的技能。

(6)对没有把握的击球用更多的时间去练习和掌握。

(7)运用表象并反复观看你发挥最好的比赛的录像。

(8)昂头、扩肩、拍头朝上和面部肌肉放松,尽可能在比赛场上将自信的形象展现出来。

(9)满怀信心和积极地思维(使用自我谈话),身体以更具信心的方式作出反应。

(10)提高体力和耐力水平,从而使良好的身体条件得到保证。

(11)通过艰苦训练来将其他心理技能的缺陷克服掉。

(12)将赛前的常规做法确定下来。

(13)与高水平的选手比赛。

(14)保持2胜1负的比率。

(15)当对手发挥好时,要保持信心。

(16)为自己确定现实的目标。

(17)提高自我约束的能力。

(18)从失利中寻找好的表现。

(19)教练员应让运动员知道他相信他们。

(二)减少压力的思维方式

(1)承认你正处于劣势,这样会对于减少压力有所帮助。

(2)我只能尽我最大的努力。

(3)胜和负是对观众而言的,运动员只要将正常水平发挥出来即可。

(4)我喜欢激烈的场面。越激烈的场面越能激发出我自身的潜能。

(5)我的教练员只希望我尽最大的努力和力求执行比赛计划。

(三)正确地对待错误

(1)尽管运动员不能控制自己是否犯错误,但是能对错误的反应方式进行控制。

(2)承认错误,从错误中学习。

(3)忘掉错误,为打下一分做好准备。

(四)教练员对运动员使用消极的自我谈话的态度

(1)要求运动员重复一遍。

(2)对运动员"当教练员对他这样说时,他有什么感觉"进行询问。

(3)让运动员用对教练员可能说些什么加以揣测。

(4)对运动员用更有效的反馈方式加以询问。

(5)让运动员用积极的方式将这一句话重复下来。

(五)比赛计划

将一个计划制订出来,并对日程加以调整,从而将2胜1负的比率确定下来。

(六)增强自信的训练

(1)比赛记分。运动员必须实现将他们打每一分的战术方案告知教练员。

(2)比赛记分。运动员在交换发球时,必须将他们打每一局的战术方案事先告知教练员。

(3)多球训练。教练员向运动员正手一侧送浅短的中场球,运动员使用得分的扣杀球。

(4)运动员必须将不同情况下(一发、接发球或发球、输掉第一盘以后、交换场地的时间结束时、赛点)他们可能使用的短语写下来。然后,这些短语将用于运动员说出的自我谈话。

(5)比赛记分。如果运动员使用消极的自我谈话,则失分。

(6)如果可能,尽可能使用一些激励的训练。

三、网球运动员注意力的集中

在特定的环境下心理稳定的能力,就是所谓的注意集中,具体来说,就是将注意力集中在比赛或训练的有关方面,并在比赛或训练中保持这种注意力。

对于网球运动员来说,在训练和比赛中的注意集中是不同的。

(一)训练中的注意集中

(1)对打。用不同的方式击每一个球(比如,教练员发令回击大斜线,运动员按此回击)。

(2)对打。开始击球的速度为每秒10米并保持稳定性,然后以每秒20米的球速击球,并使击球速度和力量逐渐增加。

(3)对打。当球在对方场地弹起时说"弹起",当对手击球时说"打"。然后,当球在你的场地弹起时说"弹起",当你击球时说"打"。

(4)对打。当对手击球时,你侧跨步。

(5)对打。触球时呼气,长长地说一声"好"。

(6)多球训练。教练员喂不同颜色的球,运动员给与相应的回击。比如,红色球应打直线球,黄色球应打斜线球。

(7)发球和接发球。运动员甲发球。运动员乙在运动员甲击球前说"平击、上旋或侧旋"。

(8)发球和接发球。运动员甲发球。在运动员甲击球后和球过网前,运动员乙说"外角、内角或追身"。

(9)有目标的发球。运动员在把球发出前说出一个预定的目标。

(10)做一名评论员,每赛完一分后报比分。

(11)击球前对着球说,你要将它打向哪个位置。

(二)比赛中的注意集中

(1)对赛前的准备加以调整。利用比赛过程中的"死球时间"使注意力得到有效恢复。

(2)两分之间的空隙时间是一场比赛中最难以有效地集中注意的时间。因此,在这段时间内,就要求运动员按常规行事。

(3)力求将注意力集中在处于你的打法控制下或对赢得这一分有帮助的事情上。

(4)借助于目标的确定:对一场比赛确定具体发挥的目标;对每一分有一个方案;紧张时,使用一种特殊的击球或动作;赛后以你的发挥为依据来检查目标是否实现。

(5)视力控制。用你的眼睛注视有关的目标,如球的接缝、拍弦等。

(6)利用身体的放松来使焦虑得到有效避免。如垂肩、深呼吸、活动你的胳臂和手等。

(7)就看"此时此地",而不关注其他情况。

(8)在注意分散和逆境中进行训练,如风、雨、嘈杂的环境中进行训练。

(9)练习分散—集中的技能。如一分结束后,你从形势的压力下自我分心分散,当开始打下一分时,让你的精神放松集中以便准备比赛。

(10)练习量的控制技能。如在两分之间,运动员放松(减小注意集中的程度),但仍处于观察比赛局势的情况下,调整注意集中的程度。开始打下一分时,运动员则提高注意集中的程度。

(11)使用目标。

(12)使用术语开始集中注意。如朝场地的一侧假想线跨步并说"放开",同时擦一下手或擦一下衣袖等。

(13)不要消极地评价击出的球。

(14)击球时主意不要随意改变。在动作过程中作出果断的决定并坚持到底。

(15)按常规行事:发球时想发什么样的球及发球的落点;接发球时想使用什么样的接发球及回击球的落点;出现失误后反复思考你本该怎样打这个球或忘记这次失误,准备拿下一分。

(16)使用呼吸调整法帮助集中注意。

(17)使用自我谈话。

(18)使用表象(想象)法把注意力集中在将要做的事情上。赛前、两分之间和交换发球或场地期间,可设法对那些打得好的球加以回忆和自我体会。

第三节 网球运动员职业精神培养

一、体育职业精神的概念界定

在社会职业活动中应当具备的职业观念、态度、纪律、作风等要求的总称,就是所谓的职业精神,其是人们从事职业化工作应当恪守的最基本的道德规范和行为准则。由此,可以得出,所谓的体育职业精神,就是运动员这一群体所应当具备的职业精神的统称。具体来说,就是运动员在从事体育运动时以及日常生活中应当具备的职业观念、态度、纪律、作风等。[1]

二、体育职业精神的内涵解析

职业精神在每一名运动员的职业成长历程中都是贯穿始终

---

[1] 高亦扬,杨学勤,汤客.关于我国青少年运动员体育职业精神培养的研究[J].承德石油高等专科学校学报,2015,17(04).

的,良好的体育职业精神对于运动员有着非常重要的意义,其不仅能够为运动员的职业加分,还能为其生命增添色彩。

对于我国来说,网球并不是强势项目,但是,却出现了一个创造奇迹的灵魂人物——李娜,其作为一个职业运动员,赢得大满贯、获得世界排行第二名,所取得的这些殊荣将一直存在于人们心中。李娜的成功很好地诠释了什么是体育精神。

在2013年的澳网比赛中,李娜表现了顽强的拼搏精神。然后她在受伤、治疗重返赛场、再度扭伤脚踝、头部、短暂治疗、再次重回赛场的过程中,将真正的体育精神展现了出来。

不论输赢,作为职业运动员的李娜,总是散发着异样的光彩。她在职业生涯中所表现出的意志品质令世人钦佩,她的成绩和实力、风度和精神,让世人瞩目,其所表现出的职业精神也值得所有人学习。

三、网球运动员职业精神的培养

(一)加强运动员人文社科知识教育

1. 加强文化教育

由于受到竞技体育的影响,大量的运动训练占据了运动员本应该用于文化教育的时间。这也是中国运动员文化素质整体偏低的主要原因所在。同时,这也是导致中国运动员职业精神出现危机的根本原因。因此,这就需要对网球运动员训练和培养体制加以改革,加快竞技体育回归学校的进程,使"体教融合"制度更加完善,使运动员在各个阶段的文化教育得以加强。此外,还要将相关的监督机制建立起来,从而使运动员文化教育的真正落实得到保证。

同时,还要引导运动员以一种开放的心态和积极的态度去学习和了解网球文化,善于钻研自己所从事的项目,学会沟通,学会正确地面对利益和职业圈的各种考验。[①]

2. 加强体育精神教育，重点进行爱国主义和集体荣誉感教育

我国老一辈运动员身上的"爱我中华，为国争光""顽强拼搏，勇攀高峰""勤学苦练，无私奉献""科学训练，系统训练""尊敬观众，尊敬裁判，尊敬对手，遵守规则"等体育精神，是网球运动员需要遵循的重要精神。因此，这就要求作为举国体制下培养的运动员在教育中要强调培养国家意识，培养集体荣誉感，让爱国主义的信念永远扎根在运动员心里。

3. 正确的金钱观教育

由于运动员往往都是从小就在一个相对封闭的环境中进行训练的，因此，他们对于物质和金钱的抵抗力相对较小，再加上运动员本身的经济来源非常有限，这就会导致部分运动员的金钱观发生扭曲，最终导致职业精神的缺失。因此，这就要求运动员的相关管理部门、家长、社会要合力对运动员人文方面的教育进行加强，并且积极引导运动员将正确的金钱观树立起来，提高他们抵抗外界诱惑的能力。

(二)进行职业观教育

运动员职业精神的培养与建立，是在正确的职业观教育基础上实现的。运动员职业观教育要在运动员整个职业生涯中贯穿始终，良好的职业观教育对于他们退役后的二次就业也是非常有帮助的。

在当前的市场经济条件下，相匹配的经济收入能够使运动员正确职业观形成的速度进一步加快，让他们感觉到自己所从事的运动确实是一种谋生手段，并且对自己以后谋生情况如何与自己

[①] 陈芳芳. 体育强国战略下我国网球的发展方向和对策研究[D]. 北京体育大学，2012.

运动生涯的表现建立起密切关系。

（三）建立和完善运动员经纪人制度

随着体育职业化和商业化进程的加快，体育经纪人在当今体坛中发挥的作用越来越重要。国外优秀运动员所表现出的高度职业精神与他们背后经纪团队或经纪人的指导和策划有着不可分割的密切联系。从某种意义上来说，体育经纪人或团队是运动员的"保姆和代言人"，对运动员的一切商业活动及社会活动加以管理，在运动员树立良好的社会影响和形象方面所产生的作用是非常重要的，甚至能够对运动员较高职业精神的表现起到积极的指导作用。同时，体育经纪人或团队也可以让运动员受烦琐事务的影响得到有效避免，这对于他们专心投入自己的训练和比赛，修炼运动员职业精神是非常有帮助的。因此，建立和完善运动员经纪人制度对于网球运动员职业精神的培养是非常有利的。

（四）加强语言学习，促进交流

对于我国运动员，首先要做的就是攻破语言关。随着中国网球与国际网球的全面接轨，越来越多的中国球员背着背包满世界参加比赛，而在这个过程中，只有掌握熟练的外语才能与外教、裁判、赛事组织人员和官员进行积极有效的沟通，和球员进行交流，接受记者采访，为自己争取相关的利益和机会。由于网球项目是从西方发源而来的特殊项目，最前沿的网球训练和管理动态信息主要是以英语为主，因此，这就要求运动员必须具备较强的英语能力，以便更好地理解新规则，准确全面地把握先进训练方法，更新训练理念，提高操作能力。

（五）加快体育社会化、职业化改革，建立完善的运动员职业化标准体系

体育职业化改革，绝不仅仅是提高运动员的成绩和待遇，更应该培养运动员的职业素养，只有具备了高度的职业精神才能推

动中国体育职业化进程。网球、高尔夫、斯诺克、NBA 的运动员为什么普遍职业素质都很高？因为他们拥有非常完善的职业体系，不适应这一体系的运动员很难站稳脚跟。早在 1964 年，运动员作为一种职业身份就在我国被确立，但相应的职业标准体系却没有建立和完善，缺乏对运动员在职业标准上的约束，因而要加快体育社会化、职业化改革，建立一套中国运动员职业标准体系，通过这一标准体系去约束运动员的职业生涯，促使中国运动员职业精神的形成。[①]

[①] 吴梅.试论运动员职业精神的培养[J].南京体育学院学报(自然科学版)，2011,10(03).

第六章 网球后备人才技术能力培养与提高

技术是网球运动的核心,网球运动员训练水平与比赛水平的提高都在很大程度上依赖于技术能力的培养与发展。因此,加强网球后备人才的技术训练,提高其技术水平是至关重要的。本章就重点研究如何促进网球后备人才技术能力的提高。

第一节 网球技术基本理论

一、网球技术的概念与特点

(一)网球技术的概念

网球技术是指按照网球规则,采用合理的击球动作和为完成击球动作所必不可少的其他配合动作的总称。一般来说,网球技术主要分为两种:一种是无球技术,指没有直接触击球的配合动作,包括准备姿势、握拍方法、步法等动作;另一种是有球技术,指各种直接触球的动作技术,其中发球、接发球、挑高球、高压球、截击球、反弹球等是最为重要的几种。

网球技术在整个网球运动中占据着十分重要的地位,是整个网球运动的核心。网球运动员在日常训练中要将技术训练环节作为重中之重。

（二）网球技术的特点

网球运动的技术多种多样，只有了解和掌握了网球运动的技术特点，才能更好地运用网球技术。一般来说，网球运动的技术特点主要体现在以下两个方面：

1. 稳定性特点

按照网球运动的竞赛规则，当对方合理接发球，己方必须击球，并使球直接越过或绕过球网之后落在对方的场地内，这一过程不出现失误，即稳定性。

在击球时，首先必须掌握击球的稳定性。对于初学网球的人来说，要想提高网球技术的稳定性，必须要进行球感练习、球性练习以及各种网球专项技术练习。

2. 威胁性特点

在网球比赛中，合理击到对方场地的球要给对方造成一定的威胁或是直接使对方失误，即威胁性。网球击球就具有这样的特点，网球比赛讲求控制与反控制，只有合理的击球才能给对手造成威胁，使比赛向着对自己有利的方向发展。

网球后备人才在提高个人技术的过程中，首先要保证技术的稳定性，然后在技术得到熟练和稳固的情况下，再提高技术的威胁性。威胁性的击球技术需要运动员进行长期的大量的训练，在训练和比赛中得到巩固和提高。

二、网球技术原理

（一）击球技术的动作结构

网球击球的动作多种多样，虽然击球的方法各有不同，但在击球动作结构方面却有着共同的规律。

第六章　网球后备人才技术能力培养与提高

1. 后引球拍

在网球运动中,后引球拍是指把球拍拉向身后,准备击球。这个动作除握拍用力外,身体其他部位应保持放松,肌肉不要过于紧张,尤其是肩部。从自然放松状态转向集中全力于球拍触球的一瞬间,这种发力方法所获得的击球效果最佳,这和鞭打的动作极其相似。需要注意的是,在击球过程中,球拍不能拉得太后,应伴随身体扭转的动作将球拍后引。后引球拍可采用直接向后引拍、小回环引拍和大回环引拍的方法。

2. 向前挥拍

向前挥拍是指把引向身后的球拍,从后向前挥动去迎击来球。

3. 球拍触球

球拍触球是指球拍击中来球的瞬间。为了克制来球的撞击力,应牢牢固定球拍击球时的拍面,这时如果球拍的角度稍有变化,使拍面晃动,就会引起较大的误差。初学者由于击球瞬间球拍握的不牢,经常会出现击球不稳或击球失误现象,应引起高度重视。使还击的球旋转,也是在向前挥拍与触球这段过程中形成的。球拍从后下向前上挥动,还击的球具有上旋性质;球拍从后上向前下挥动,还击的球具有下旋性质;向侧上挥拍,使还击的球具有侧上旋性质;向侧下挥拍,使还击的球具有侧下旋性质。球拍触球时,拍面所指的方向决定击球路线,拍面角度决定触球部位,并直接影响动作的准确性。

4. 随球挥拍

随球挥拍,又叫随挥,是指球拍击球后有一段随球前挥的动作。这一动作有利于增大击球的力量,以便于更好地控制球,能在很大程度上保证击球的稳定性。

(二)击球点与挥拍方向

在网球比赛中,击球点的位置决定了击球瞬间的挥拍方向。因此,为了更好地提供较长的挥拍轨迹和易于掌握击球的时机,运动员在击球时,都要求将击球点保持在身体的侧前方,这样易于挥拍和发力,但不易打出直线球。通常来说,运动员可以采取以下方法打直线球:一是通过改变手腕的屈伸程度来改变拍形,从而使拍面在身体侧前方指向直线;二是调整挥拍的轨迹,向直线方向发力挥拍,使在身体侧前方挥拍方向仍旧能指向直线。

运动员在击球的过程中,一定要控制好击出球的方向,这样才能保证击球的有效性。通常来说,主要采取以下几种方法:

(1)挥拍方向越超前或拍面仰角越小,击出球的飞行弧度越平。

(2)挥拍方向越朝上或拍面仰角越大,击出球的飞行弧度越高。

(3)挥拍方向越向右,击球时机越晚或手腕屈伸程度越大,击出球的飞行方向越偏右。

(4)挥拍方向越朝左,击球时机越早或手腕屈伸的程度越大,击出球的飞行方向越偏左。

(三)击球点与球的性能

在网球比赛中,击球点的选择对网球击球质量的好坏起着至关重要的作用。在击底线球时,击球点的高度应与运动员的膝关节保持同等高度,但是也有例外,如反弹较高的上旋球不可避免地会使击球点高于肩膀;而反弹较低的下旋球则往往使击球点在膝关节的左右两边。然而,在击球时还是会发生各种各样的问题,如当击球点过高时,某些握拍法的击球就要非常讲究,否则其击球就会比较困难;击强力上旋球时较为困难;击球之前球员须降低重心;击上旋球时须加大力量。

（四）击球部位与拍面角度

在网球运动中,击球部位指拍与球撞击时,拍碰撞击球的位置。拍面角度指击球时拍面与地面形成的角度。球的后半部是拍撞击球的有效部位。将球的后半部的球体,从纵向分为上、中、下,从横向分为左、中、右。这样一来,在后半部半个球体的凸面上,即可分为 9 个部位,也就是左上、中上、右上;左中、正中、右中;左下、中下、右下。击球时,拍面角度不同,触球的部位就有所不同;触球部位不同,击出球的飞行轨迹也就有所不同。击球时选择好拍与球的撞击部位,有助于掌握好还击球的方向。

（1）拍面垂直:指拍面与地面的角度为 90°,击球部位为中部。

（2）拍面稍前倾:指拍面与地面的角度接近并小于 90°,击球部位为中上部偏中部位。

（3）拍面前倾:指拍面与地面的角度小于 90°,击球部位为中上部偏上部位。

（4）拍面稍后仰:指拍面与地面的角度接近于并大于 90°,击球部位为中下部偏中部位。

（5）拍面后仰:指拍面与地面的角度大于 90°,击球部位为中下部偏下部位。

（6）拍面向上:指拍面与地面的角度接近 180°,击球部位为球的下部偏底部部位。

（7）拍面向下:指拍面与地面接近平行,击球部位为球的上部偏顶部部位。

网球运动中,球产生旋转的原因在于在击球时使作用力线偏离球心,这就要求击球的瞬间采用不同的拍面角度和挥拍方向。平击球一般要求拍面垂直,并向前挥拍;上旋球要求拍面前倾,并向前上挥拍;下旋球要求拍面后仰,并向前下挥拍;如果拍面垂直并向下挥拍,也可削出下旋球;如果拍面垂直并向上挥拍,也可拉出上旋球。

(五)击球技术的方向判断

运动员在准备击球时,眼必须看清球的飞行路线、速度、飞越过网的高度和它落地反弹的跳动。在观察来球时,要注意球离开对手球拍瞬间球的飞行方向。只有准确判断来球的方向,才能及时移动到位并做出合理的击球动作。可以说,在网球比赛中,运动员对来球判断越清楚,就越有可能用球拍的甜点准确击球,提高击球的准确性和有效性,从而击出高质量的球。因此,网球运动后备人才在平时的训练中要注意观察对手,观察来球的变化情况,提高自己的判断力和应变能力。

第二节 网球无球技术培养与提高

一般来说,网球的无球技术主要包括握拍、准备姿势、移动和步法几个部分,无球技术是运动员打好网球的基础,因此对于网球初学者而言要更加重视。

一、握拍

(一)握拍技术分析

1. 东方式握拍法

(1)东方式正手握拍法:拍面与地面垂直,手握拍柄的感觉好像与人握手一样,将握拍手的虎口对正拍柄右上侧棱,手掌根与拍柄右斜面紧贴,拇指垫握住拍柄的左垂直面,食指稍离中指压住拍柄右垂直面,五指握紧拍柄(图6-1)。

(2)东方式反手握拍法:从正手握拍法把手向左转动90°(或拍柄向右转动90°),虎口对正拍柄左侧棱面上,以手掌根压住拍

第六章 网球后备人才技术能力培养与提高

柄的左上斜面,拇指直贴在拍柄的左垂直面上,食指压住拍柄右上斜面(图6-2)。

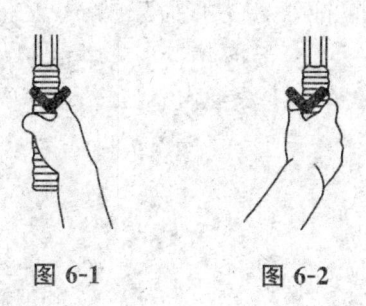

图 6-1　　图 6-2

2. 西方式握拍法

西方式握拍法的正反手击球都使用网拍同一个面,比较适合打跳球和齐腰高球(图6-3)。

(1)西方式正手握拍法:拍面与地面平行,用手从拍上面抓住拍柄,手掌根贴在拍柄右下斜面,拇指和食指都不前伸,拇指压在拍柄上部小平面,食指下关节握住拍柄的右下斜面。

(2)西方式反手握拍法:握拍手的虎口"V"字形向右转动,对准拍柄右垂直面,掌根贴往右下斜面,与拍柄底部齐平。

3. 大陆式握拍法

握拍手虎口对准拍柄上面棱面正中间,手掌根抵住拍柄上部的小平面,拇指直伸围住拍柄,食指紧贴拍柄右上斜面,无名指和小指都紧贴拍柄。大陆式握拍法的正、反手击球都无需变换握拍。击球时,将球拍侧立,从上而下握拍,犹如手握铁锤柄(图6-4)。

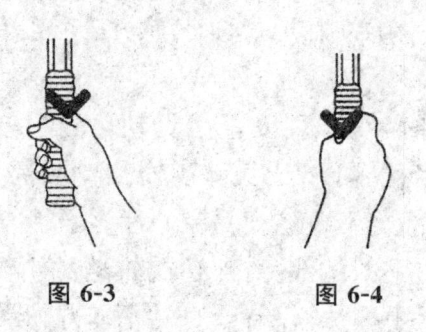

图 6-3　　图 6-4

4. 双手握拍法

(1)双手正手握拍法：右手为东方式握拍法，握在拍柄的后(上)方，左手为东方式反手握拍法，握住拍柄的前(下)方。

(2)双手反手握拍法：右手以反手东方式握法，左手以正手东方式握法，左手紧贴右手上方(图6-5)。

图 6-5

(二)握拍技术训练方法

(1)根据握拍动作要领进行各种握拍法的练习。

(2)结合各种击球方式进行不同的握拍方法练习。

(3)运动员在教师或教练员的示范下，严格遵循各种握拍法的动作要求进行认真练习，结合自身使用握拍法的实际情况，进行深刻思考和体会。

二、准备姿势

准备姿势的要领是双脚开立略比肩宽，脚掌着地、脚跟抬起，中心落在两脚之间，两膝微屈半蹲，上体微前倾，眼睛目视对手或来球。球拍置于体前，拍头指向正前方，也可稍微往左偏，微上翘，手腕低于拍头。

做准备姿势时，双脚可以轻微晃动，保持敏捷性。身体不必过分用力，保持轻盈，可以让身体随时启动。另一只辅助的手要轻扶着球拍的颈部。不要忽视另一只手的作用，它可以扶住并稳定球拍，减轻持拍手的腕部负担，还能将球拍引到身体的一侧，也可随时调整正、反手握法，保持全身的平衡与协调。

三、移动

(一)移动技术分析

1. 垫步

垫步技术中,要求两脚同时落地,降低重心,球拍持于体前,为击球做好准备。球过来后,若来球离自己稍近时,则用垫步移动,以调整身体与球的距离。

2. 滑步

滑步是球员正对场地,完成向左或向右平行移动的步法。运动员两脚平行站立,向左移动时,蹬右脚,再蹬左脚,两脚腾空后,先右后左,依次落地;向右移动时,则先蹬左脚,再蹬右脚,先左后右两脚依次落地。

3. 跨步

球员在进行跨步时,前膝部弯曲,躯干前倾,身体重心移至跨出脚上。运用跨步时,一腿用力蹬地,另一腿面对来球方向跨出一大步,后腿随重心前移自然跟进。跨步的特点是跨距大,便于向前、斜前方降低重心回击反弹球或切削击球。

4. 交叉步

运动员在进行底线正反手移动击球时会经常使用到交叉步。向左移动时,双脚脚掌向左转动,右脚先向左前方跨一步,交叉于左脚前,同时向左转体迈左脚,再动右脚。向右交叉步方法与向左完全相同,只是方向相反。

(二)移动技术训练方法

(1)听口令或看手势运用各种步法移动练习。
(2)持拍拍球,在垫球过程中练习各种网球步法的移动。

(3)两人一组,一人抛球,另一人运用各种步法在球落地前将球接到。

四、步法

(一)步法技术分析

1. 正手击球步法

(1)原地正手"开放式"击球步法。做好准备姿势,以前脚掌为轴,直接向右转髋、转肩形成的击球步法。

(2)原地正手"关闭式"击球步法。做好准备姿势,以前脚掌为轴,身体右转,左脚向右前方45°跨步,侧身肩对球网形成的击球步法。

(3)前进正手"开放式"步法。做好准备姿势,左脚先启动向前跑进,然后右脚跟进向击球点移动,最后右脚横跨一步击球。

(4)前进正手"关闭式"步法。做好准备姿势,左脚先启动向前跑进,然后右脚跟进向击球点移动,最后一步左脚向右前方跨步,转体击球。

(5)后退正手"开放式"步法。做好准备姿势,右脚先后退,左脚随同后退,右脚向右横跨一步,转髋转肩击球。

(6)后退正手"关闭式"步法。做好准备姿势,右脚先后退,左脚随同后退,右脚随身体右转,落地与底线平行。左脚跟随向右,落在右脚内侧前方约同肩宽,击球时以右脚为轴,击球后重心前移到左脚。

(7)跑动正手"开放式"步法。做好准备姿势,左脚随转体向右侧跨出,然后是右—左—右地向击球方向移动,最后一步右脚横跨转体击球。

(8)跑动正手"关闭式"步法。做好准备姿势,左脚随转体向右侧跨出,然后是右—左—右—左地向击球方向移动,最后一步左脚向侧前方45°跨出击球。

(9)正拍侧身进攻击球步法。做好准备姿势,左脚连续向左侧做侧滑步,到达击球点前,右脚向左脚后落地同时转体,重心在右脚上,左脚向前做跨步击球,重心随之前移。

2. 反手击球步法

(1)原地反手"开放式"击球步法。做好准备姿势,以脚前掌为轴,直接向左转髋、转体形成"开放式"击球步法。

(2)原地反手"关闭式"击球步法。做好准备姿势,以脚前掌为轴,身体左转,右脚向侧前方45°跨步"关闭式"。

(3)前进反手"关闭式"步法。做好准备姿势,先启动右脚向前跑进,然后左脚跟进向击球点移动,最后一步右脚向左前方跨步,转体击球。

(4)后退反手"关闭式"步法。做好准备姿势,左脚先后退,右脚随同后退,左脚随身体左转,落地与底线平行。右脚跟随向左,落在左脚内侧前方约与肩同宽。击球时以左脚为轴,击球后重心前移到右脚。

(5)跑动反手"关闭式"步法。做好准备姿势,右脚随转体向左侧跨出,然后按照"左—右—左—右"向击球方向移动,最后一步右脚向侧前方45°跨出击球。

3. 高压球步法

(1)原地高压球步法。做好准备姿势,右脚随侧身转体向后退一步与底线平行,左脚向右平移半步,脚尖稍向内扣,重心落在右腿上。

(2)向后滑步高压球步法。做好准备姿势,身体右转同时右脚后撤一步,侧身对网,左脚蹬地,右脚向后连续做侧滑步移动到击球位置,重心落在右腿上。

(3)向后交叉步跳起高压球步法。做好准备姿势,身体右转向后退右脚,后左脚从右脚前交叉向后退一步,再退右脚(若已到位可起跳高压击球),左脚再交叉后退,右脚再后退一步并起跳在空中高压击球。击球结束后,左脚先落地,右脚再向前落地。

4. 截击球步法

(1)正手一步截击步法。做好准备姿势,右脚随转体蹬地,左脚向侧前方跨步击球。

(2)正手抢上截击步法。做好准备姿势,双脚同时向右侧做侧滑步,右脚蹬地,左脚向侧前方跨步击球。

(3)反手抢上截击步法。做好准备姿势,双脚同时向左侧做侧滑步,然后左脚蹬地,右脚向侧前方跨步击球。

(4)反手一步截击步法。做好准备姿势,左脚随转体蹬地,右脚向左侧前方跨步击球。

(二)步法技术训练方法

(1)运动员徒手进行前后、左右的移动动作以及后退步动作;同时还可以配合手部动作。

(2)密切结合持拍、挥拍以及步法的练习。

(3)将多球练习和步法移动进行紧密结合,同时还应做到由慢到快、由易到难。

(4)在进行步法练习时,应当对组数与次数进行事先规定,或者在事先规定的时间内完成一定的组数与次数。

(5)教师或教练员叫"近""远""左""右""前""后"的来球方向,或者直接叫"左(右)后交叉步""右前正手""左前反手""后撤交叉步高压球",运动员根据喊出的方向或步法名称练习步法移动。

第三节 网球有球技术培养与提高

一、发球

发球是网球基本技术之一,是网球比赛中唯一不受对方影响的技术,发球的好坏直接关系到一分的得失。

第六章 网球后备人才技术能力培养与提高

(一)发球技术分析

1. 平击发球

右手持拍,侧对球网站立,前脚与端线约成45°,指向右侧网柱,身体重心在左脚上,左手托住球拍的拍颈,手臂稍弯曲并保持在胸部高度。双臂同时稍下放,在其最低点抛球手臂与击球手臂分开,但以不同的速度向上摆动;同眼高时,将球抛出,击球臂向后、向下、向上引拍,身体重心移至右腿上;在手臂伸展到最高点时,身体重心又移到左腿上,同时,通过髋关节前移,降低身体重心;左腿支撑身体向前、向上运动。击球肩膀转向前面,前臂旋内,充分向前、向上伸展击球臂,在最高点击球,击球瞬间,拍面几乎垂直地面。击球后右前臂继续向外转动,球拍随挥至身体的左侧,左臂在体前的位置作相反运动以维持身体平衡(图6-6)。

图 6-6

2. 切削发球

切削发球,主要以左侧旋转(略带下旋)为主,发球时把球抛到右侧斜上方,球拍快速从右侧方至左下方挥动。击球部位在球的中部偏右侧,使球产生快速的右侧旋转。

3. 旋转发球

以上旋发球为例,发球时尽量隐蔽,看上去像是在发平击球或切削球。抛球比平击球和切削球抛得更靠近身体,击球时球拍应向上并翻越过球以得到所需要的旋转,与切削球和平击球发球有不用的击球位置和明显的扣腕动作。击球后,使球在空中有强烈的上侧或伴有侧旋,落地后弹跳比平击发球要反弹较高,对方接球比较吃力。

(二)发球技术训练方法

1. 抛球训练

运动员在抛球的适宜高度悬挂一个目标,运动员对准目标进行抛球,悬挂的目标应符合高度适中、不过低或者过高的要求。

2. 挥拍训练

运动员做完整的无球挥拍动作,动作准确连贯,要想加强训练效果可以对着镜子进行训练。

3. 抛球和引拍训练

运动员在做抛球动作的同时,做拉拍动作,不击球深层次感受抛球与引拍动作相互结合的感觉。

4. 击固定目标训练

运动员将一个标志物固定在持拍所能够到的最高点(指拍心),运动员在做完整技术动作的同时,使用球拍击打目标,动作要自然连贯。

5. 短场地发球训练

运动员选择在发球线附近进行发球,在保证发球动作基本正确的基础上,连续发进去五球后就往后退,直到运动员退到底线。

6. 发球线路和落点控制训练

在确保发球成功率的条件下,运动员将三个标志物放在发球区,这三个标志物依次代表内角、外角和中路,运动员在底线后发球,尽全力击中标志物。

二、接发球

网球接发球技术是指还击对方发球的技术,接发球的好坏将直接影响整个网球比赛局势的变化。

(一)接发球技术分析

1. 握拍

接发球的握拍方法因人而异,既可以选择东方式正手握拍法,也可以采用东方式反手握拍法。习惯正手击球的,在等待对方发球时,用正手握拍。但对方发球时,往往发反手球,因此采用东方式反手握拍法相对较好。

2. 准备姿势与站位

通常情况下,接发球的站位是站在有效发球最大角度的分角线上或者略偏于反手位置,接近于单打边线处。前后的位置要根据对手发球方式和力量大小来确定,如接良好的炮弹式发球要站在底线后1~2米处,接其他方式的发球一般是站在底线前后即可。

在接发球时,运动员站好位置,做好准备姿势,这时要全神贯注地两眼紧紧盯住对方,注视对手的抛球动作,包括身体和球拍的位置,抛球的方向与高度以及发球的形式,以此来判断对手出球的方向、速度,以便作出最快的反应。

3. 击球

在接球时,运动员要向预测击球点及时起动,迅速作出转体引拍动作,只是后摆距离要短一些,幅度大小要根据对方不同的发球来调整,握紧球拍,手腕固定,并向击球方向踏出异侧脚,同时,向前迎击球,击球点是在体前侧胸部高度处,对着球击出的方向,送出球拍,尽量加长球拍接触的时间,要像打落地球那样,做好随挥动作。对于不同高度的来球,要采用不同的还击方法:

(1)若来球带有较大的下旋或侧旋,弹跳得低而浅,必须迅速上步,以后仰些的拍面积极地向前推出并加以削切,使球既有速度又能落地后弹起较低或变向。

(2)对于平网高度的来球,用正常的打法还击,关键是当球与拍面接触的一瞬间要准确控制拍面角度,针对对手站位情况确定球的飞进方向与落点。

(3)还击高过肩的球时,要积极上步,立足于早打。击球时锁住肩关节,固定手腕,身体重心明显下压,借助于转体,手臂大力挥击。但对于过头又不足为高压的高球,击球时切勿下压,要向高处挥击,似乎是要将球打向对手的挡网,然而由于拍子的走向在体前,击球后拍面趋于关闭式,况且又是一个上旋动作,所以球还是飞落向底线内。需要注意的是,击球的拍面不要过早关闭。

4. 随挥

虽然缩短了球拍的后引,但不要限制击球后的跟进动作。应尽量加长球拍接触球的时间,球拍应先跟着球出去,然后做充分的随挥动作。一般情况下后摆动作小,随挥动作也小,后摆动作大,随挥动作也大。随挥动作一旦结束,身体就要快速移动到自己场地中央,准备迎击下一次来球。

(二)接发球技术训练方法

1. 与发球员配合的接发球练习

一至两名发球者练发球,结合实战,进行接发球练习,可练习接发球破网、接发球抢攻、接发球随球上网。

2. 提高接发球准确性的练习

对方有多人轮流发球,要求接发球者把球回击直线球或斜线球,或将球回击到指定的区域内。

3. 提高接发球实战能力的练习

有目的地安排单打或双打战术练习,互相对抗,可以提高接发球者在实战中的心理素质。

4. 多球式的接发球练习

教练员可以用多球发球的方式来提高运动员的接发球技术。为了增加送球的准确性和力量,教练员可站在发球区域附近位置发球,应注意发球的速度、旋转、落点,可随运动员接发球技术水平的提高而逐步增加。

三、击球

击球是网球运动中极为重要的技术之一。一般来说,网球击球技术主要分为正手击球和反手击球两种。其中,正手击球是网球技术中最基本的击球方法,是初学者最先学习的击球技术。正手击球,击球有力、速度快,适用于初学者将球打过网并且要落在球场内,有经验的运动员也是依靠正拍击球来创造机会进而得分的。反手击球对运动员的要求更高,一般情况下在掌握了正手击球技术后再练习反手击球技术。

(一)击球技术分析

1. 正手击球

运动员右手握拍,左肩对网,左臂屈肘前伸,协助保持身体平衡,左脚与底线约成45°,右脚与底线平行。当右手引拍到两肩在一条直线上的时候,拍头向上略高于手腕,拍面要保持平放,拍头指向身体后面。击球时,以肩关节为轴,手腕关闭,用大臂挥动,带动小臂、手腕及球拍,球拍面在击打过程中始终保持与地面垂直或者略开一点。球拍从后引开始到向前挥击,应是一个完整动作。当球拍击中球的瞬间,应该是球拍的"甜点"击在球体水平轴的后部。球拍与球撞击后,持拍手手臂继续向前充分随挥,将球拍停在左肩的后上方(图6-7)。

图 6-7

2. 反手击球

(1)单手反手击球。

运动员右手握拍,左脚为轴,向左转肩转髋,同时右脚跨出一步,使两脚与肩同宽,身体右侧对球网,重心移至左脚上。转肩同时左手转动拍颈使右手成东方式反手握拍,并带动球拍后引与身体平行,击球肘贴近身体,左手轻持拍颈,拍头略低于来球。击球时身体重心移至右脚,左手放开拍颈,以右脚为轴向右转髋转肩,带动右手臂由下向前上挥拍,击球中部偏下,击球点在右脚侧前方。击球后,持拍手手臂握拍随惯性继续挥至右肩上方(图6-8)。

(2)双手反手击球。

运动员双手握拍,看准来球,及时移动到位,制动的最后一步应保持右脚在前,身体右侧朝向来球方向。双手握球拍向左后方摆动,右臂伸展较大,左臂弯曲。在迎球过程中,挥臂与转体动作配合,使球拍由低向高挥动,击球点在右脚侧前方,拍面垂直,触

第六章 网球后备人才技术能力培养与提高

球的中部。击球后双手随势挥至右侧头部高度,身体重心移向右脚(图 6-9)。

图 6-8

图 6-9

(二)击球技术训练方法

(1)对击球动作中的单个动作进行分解,并结合自己的技术水平分别进行训练。

(2)运动员进行底线正、反手对打斜、直线训练。

(3)运动员进行"N"字线路(斜线与直线交叉)训练。

(4)"8"字线路(两斜线对两条直线)训练,起初固定线路,随后不再固定线路。

(5)进行徒手挥拍训练或者持拍挥拍训练,对挥拍时向后引拍、转肩及扭转腰部、移动重心等击球动作要点进行感知和体会。

(6)对挥拍动作进行原地训练结束后,将步法训练融入到挥拍训练中,对步法和上肢的配合进行深入体会。

(7)运动员侧对挡网,引好球拍,教练员或者同伴站在运动员的侧面,把球高举在击球点位置,让球落下,当球落地反弹跳起之后,挥拍击球。

(8)在原地面朝挡网站立,自抛球,对正手打落地反弹后下降至腰部高度的球的具体动作进行练习,采用反手打下降至肩部或者胸部高度的球。

(9)运动员站在底线后面,使用多个球依次练习正手击打落地弹起的球过网,随后再练习击打不落地的球过网。

(10)运动员站立于距离墙较远的位置,采用正手击打落地球上墙,当球反弹落地两次之后再持续进行正手击打,当练习到一定次数后运动员再开始反手练习。

(11)和墙保持恰当的距离,运动员首先进行正手连续击球,然后进行反手练习。

(12)两人一组,一名运动员站在底线中间,另一名运动员在前方距离5米左右的位置抛球给对方,让对方进行多球的正手击球练习。当两者相距5米的抛球练习持续进行到一定次数后,再向后移动5米进行反复练习。

(13)运动员站在底线的中间位置,教师或教练员站在网前,通过球拍向运动员喂送球,运动员依次进行连续多个回合的正手击球练习和反手击球练习。

(14)教练员在网前右侧向运动员喂送多个球,规定运动员逐一打正手直线球与正手斜线球;随后教师或教练员再到网前左侧喂球,规定运动员打正手直线球与正手斜线球。

(15)教练员在网前中线处向运动员喂送多个球,规定运动员逐一打反手直线球与反手斜线球;随后教师或教练员再到网前左侧喂球,同样规定运动员打反手直线球与反手斜线球。

四、高压球

网球的高压球技术又称扣杀或猛扣,是指将对方挑过来的高

第六章 网球后备人才技术能力培养与提高

球,自上而下扣压到对方场区的击球技术。

(一)高压球技术分析

1. 凌空高压球

身体应朝着球飞行路线左边让开一些,以便于在右肩上方击球,举拍稍早一点,目视来球,另一手对着球,以保持身体的平衡和随时调整场上位置,球拍的后摆动作要简短,拉过肩,垂下拍头,同时翘起手腕,不需要把球拍下垂到很深的搔背状,但要抬起肘部,以最快的速度出击,转肩,整个手臂伸直,当球拍接近球时,做扣腕动作,收腹、挥臂使球拍前挥通过手腕的扣击使拍头加速。击球后,继续扣腕,并让球拍绕过身体,使它在结束时在身体的左侧并指着身后的挡网(图 6-10)。

图 6-10

2. 落地高压球

落地高压球的动作要领和凌空高压球基本一样,不同的是,运动员应一边侧身跑位一边用小的垫步快速调整,同时高举球拍准备扣杀。击球点的位置和发球一样,在身体的前上方,双脚蹬地,充分伸展手臂,手腕击球时做"旋内"的扣腕动作,争取最高点击球。击球时,手臂、手腕和球拍在一条直线上,身体稍向前倾。击球后,继续扣腕,手臂顺势向下,在身体的另一侧完成随挥动作。

3. 跳起高压球

相比而言,跳起高压球的动作难度较大。当判断来球较高、较深时,快速侧身滑步或交叉步向后退,同时持拍手直接后引向上举起球拍。到达击球位置时,一般以与持拍手同一侧的脚蹬地起跳同时挥拍,击球应尽量在最高点,利用手腕旋内扣腕动作将球压入对方场地。落地时,异侧脚先着地、缓冲,挥拍击球时双脚在空中有个前后换位的动作,以在转体发力后维持平衡。对付对方的进攻性上旋高球,如果后退起跳时间仓促,打不出强力高压球时,可将球平推过去,尽量把球打深、打准。

(二)高压球技术训练方法

(1)徒手练习:用手接住同伴的来球,体会身体与球的位置关系。

(2)完整的动作训练:反复做完整的击球动作,体会身体侧转、球拍后摆幅度、脚步移动变化、随挥动作等。

(3)持拍击球点训练:将球拍的长度加入击球点的位置中,好像用延长的手臂击球,体会击球点的准确位置。

(4)自抛高球训练:待球落地反弹后进行高压球练习,然后再进行凌空高压球练习。

五、截击球

网球截击球技术是指对方来球未落地之前,在空中进行拦截的技术,是网球网前技术中的一种攻击性击球方法。如果运用得当,网球截击能直接得分,因此这一技术被广泛应用于网球比赛中。

(一)截击球技术分析

1. 正手截击球

当来球飞向正手时应用正手截击球,运动员应站在网前2~3

第六章　网球后备人才技术能力培养与提高

米的位置,准备姿势与一般击球基本相同,但球拍要举得高一些,约与眼部同高。截击时后摆动作要小,击球点保持在身体前方,拍触球瞬间手腕固定,用力握紧球拍,略加向前推击的动作(图6-11)。截击较近的球时,左脚跨出一小步;截击较远的球时,左脚跨出一大步;截击高球时,拍面应向前下击球;截击低球时,拍面应打开相合,击球的中下部并向前搓顶过去。

图6-11

2. 反手截击球

当来球飞向反手时应用反手截击球,反手截击球的准备姿势同正手截击球。击球点比正手截击球靠前一些,及早跨出右脚,重心置于右脚。击球时手腕固定,用力紧握球拍,拍面稍前倾,触球中上部。击球后右臂伸展,向前下方压送(图6-12),注意击球后的跟进动作要短,即刻停止,且不需要恢复到预备姿势。

图6-12

3. 截击高球

当来球高度较高但又不够高压的高度球时,应在体前截击高球。截击高球要有一定的后摆,触球前要握紧球拍,手腕绷紧并朝上,击球时球拍对准球,重心向前,然后用简短的随挥动作,对着球推击向前下方送出,准备下一次回击。反手截击高球时,扶拍手帮助球拍向后摆,同时,控制好拍面,球拍后摆幅度不要太大,拍头朝上,目视来球,击球挥拍时扶拍手放开,触球刹那,手腕绷紧,球拍从高到低向前下击球,击球后做好随挥动作。

4. 截击低球

当来球较低,低于球网时应采用截击低球的方法回击来球。截击低球时应降低身体重心,屈膝至球的适当高度,否则仅靠垂下拍头去击球,那么就会以无力的手腕动作将球向上勾起。在采用前弓步击球时,有时膝盖可触及地面,拍头略低于手腕,拍面开放些,在身体前面击球,击球时最好加以上旋或侧旋,尽量把球打在深处,以迫使对手向上击球,击球后做好随挥动作,注意随挥动作应短促(图 6-13)。

图 6-13

5. 跨步截击球

跨步截击球通常在中场进行,具体是指在本方发球线附近截击来球的技术动作,通称为一拦,即第一次拦击,一般在发球上网战术中使用。在网球运动实践中,发球上网或随球上网不可能冲至近网,上网途中在发球线附近有一短促的停顿和重心转换,然后迎球做中场截击。中场截击一般站位于发球线中点附近。在腰部以下的部位击球,注意精确的击球点和拍面的角度,当来球力量较小时,应加大后摆引拍动作和前摆力量,以加大回球力量,尽量回击到对方深区的空当,以便于及时占据网前的有利位置。

击球后做好随挥跟进动作,注意跟进动作应稍长些,但不能太长,以免影响下次击球(图 6-14)。

图 6-14

6. 近网截击球

近网正拍截击球的站位一般在位于中线发球线前 1~1.5 米处,多位于对方破网的直线和斜线之间所形成夹角的平分线上,并多注意保护直线空当。击球时,身体重心向前,左脚应向侧前方跨出,同时重心落在左脚上,肘关节与身体距离不应太远(除扑击球外),以便顶住重球,后摆动作小,转体带动后摆同时也完成后摆动作,击球点在身体侧前方。击球后随挥动作要小,迅速准备下一板截击球。

一般来说,近网反拍截击球的前期准备动作与近网正拍截击动作相同,要求重心向前,后摆动作小,根据来球高低,调整后摆位置高低及击球部位。击球时,右脚跨出,重心在后脚上,以肩关节为轴,由上向下或由后向前顶撞击球,手腕紧固,以前臂发力控制落点,随击动作短小有力(图 6-15)。

图 6-15

7. 近身截击球

在网球运动中遇到"追身球"时,应采用以防御为主的近身截击球技术,把球拍迅速放在身体前面,并使反拍面向前。击球时,手腕绷紧,拍面在身体正前方挡击来球。如果在截击球过程中需要加力,击球时,身体应向左转,直接把球击出,无后摆动作。击球后,随击动作要小(图6-16)。

图 6-16

(二)截击球技术训练方法

1. 抓球练习

运动员微蹲,做好准备,同伴向其正手或反手的侧前方抛球,练习者向侧前45°跨一步用手接球。重点体会手脚协调配合的感觉。

2. 靠墙挥拍练习

保证较短的引拍动作是靠墙练习的目的,没有墙靠近挡网也可以。

3. 短握拍截击练习

运动员手握拍柄的前部,在近网的位置拦同伴手抛球。

4. 网前对拦练习

两个运动员分别隔网站在发球线和球网之间连续拦击球,强调来回板数,注意击球后要迅速还原。

5. 网前和底线对抗练习

网前站两个运动员,底线站两个运动员,不允许挑高球,打计分练习。这个练习也可以两人进行,范围限定在单打场区的一半。

6. 隔网练习

两人一组,隔网相对,一人用球拍颠球3次后,将球传给同伴,同伴接住球也同样颠球3次,再送回对方。熟练后,改颠2次、1次,直至双方直接进行截击练习。

六、放小球

放小球也叫"触击球""放短球""吊小球",在网球比赛中可突袭制胜。放小球是一种不用力的击球,多使球轻轻地越过球网,在离网附近处落地且跳得很低,造成对方因准备不足来不及到位回击。

(一)放小球技术分析

1. 正手放小球

一般来说,正手放小球的难度较大,多采用击打落地球的握拍方法或大陆式的握拍方法,击球前,向后高引拍,比截击球的引拍动作要大。当球拍向前挥动时,握拍要放松,拍的底边在前面,直接向前下方挥拍,保持拍头高于手腕。当球拍接触到球时,打开拍面准备击球,用球拍的底边切球,使球产生向后的旋转,击球后,保持放松握拍。随着球和拍的渐渐分离,球拍继续前挥,高于球网,拍面对准击球方向,不持拍的手帮助保持平衡。结束时,应面对球网。

2. 反手放小球

反手放小球动作简单,容易掌握,多采用反手旋转球的方法握拍,转肩,向后高引拍,眼睛注视来球。用球拍的下边缘摩擦球的下部,向前挥拍,保持拍面打开,使球过网,向前随挥球拍,在身体的远端触球,击球点向前一些,保持拍面的方向,同时头部稳定,另一侧肩向后,拍头对准击球方向,击球后,球拍一定要朝着球出去的方向做随挥动作,不持拍的手帮助保持平衡。结束时,应面对球网。

(二)放小球技术训练方法

(1)对墙练习,离墙距离3米或6米,分别用正反手削送球上墙,等球落地一次后再轻削送球上墙。

(2)对墙练习,一次对墙抽击练习,一次对墙放短球练习。

(3)两人一组,同伴在底线多球喂送,练习者在网前(或中场)放小球练习。

(4)两人一组,在底线正反手抽击球对练,练习中任意一人突然放小球。

七、挑高球

挑高球技术动作与正反手击球非常相似,只是拍面上仰,击球的后下部,并带有向上送球的动作。挑高球技术在高水平比赛中经常会看到。

(一)挑高球技术分析

1. 进攻性挑高球

(1)正手进攻性挑高球。

如图6-17所示,正手进攻性挑高球一般打上旋球。其通常采

第六章 网球后备人才技术能力培养与提高

用的是西方式正手握拍法,身体在球的后面保持平衡,这样击球时就可以使拍头做向上、向前的挥动。打挑高球时身体不能太远,如果球离身体太远,就不能做到使拍头充分地到达球的下面,就不能做到使球向上和使球旋转,否则容易失误。向上挥动击球时球拍头向上再向前挥动,让球强烈旋转,球会快速向下飞行。必须用球拍的中心击球,其他触球点容易造成失误。

图 6-17

(2)反手进攻性挑高球。

反手进攻性挑高球有不同的打法。最常用的是打飞行较低的下旋球,另外还可以打带隐蔽性的基本上平的挑高球,也可以打上旋挑高球。

①单手反拍上旋进攻性挑高球。

在击上旋挑高球时,要求运动员的手腕做更多的动作,来球必须又高又弹时本方才能打这种球。击球者往往在身前太远处击球,所以无法打出上旋挑高球。从球的底部下击球时重心应在击球点的后面,向上向前擦击球。这种击球方法难度较高,一般情况下很少使用。

②单手反拍下旋进攻性挑高球。

下旋进攻性挑高球对于单手反拍运动员是最自然的进攻性挑高球。这种球有一定的欺骗性,看上去好像是击超身球,但在最后时刻却打开拍面到球下,很快地把球打过对手的头顶。用这种挑高球技术击球,可以拖住移向网前等待超身球的对手,使他们靠向网前,打出飞行线路低、飞过对手的头顶的球。这是一种可以隐蔽到最后一刻的击球,使击球产生强烈的下旋,球的旋转是保持球打在界内的关键。

③双手反拍进攻性挑高球。

在准备击球时,运动员做正常的挥动,身体处在打超身球的位置,然而在最后时刻把球拉起,使球从移向网前等待超身球的对手头上越过。和进攻性的挑高球一样,这种方法让对手措手不及,具有威胁。

2. 防守性挑高球

如图6-18所示,网球中的防守性挑高球主要分为正手防守性挑高球和反手防守性挑高球。具体如下:

(1)正手防守性挑高球。

击球动作与普通的正手击球相似,只是拍面打得更开一些,球拍和手向前上方送出。不要太靠近球,这样就会自动地以更开的姿势击球。用手和拍头控制这种击球,随球动作向上且彻底。击球时用下面三个指头和手掌挑高球并控制来球,并且有一定的手腕动作,这点与截击球相似。打防守性挑高球可以打下旋球,往高处和深处打。正手防守性挑高球通常旋转很弱。要把挑高球打得高且深,就要打开拍面并且击球的底部,用手部力量将球挑起。

图6-18

(2)反手防守性挑高球。

反手防守性挑高球的技术要点是跑动中用非握拍手使球拍后摆,打下旋球要打开拍面,随球动作要向上并彻底到位,用球拍和手做功。没有好的随球动作,就不能控制挑高球,击球动作要连贯。

(二)挑高球技术训练方法

(1)循序渐进地进行挑高球练习,在掌握底线正、反手上旋球击球技术后,练习上旋或下旋挑高球。

(2)端线后自抛球,用正、反手向对方底线做挑高球练习。要求使球的落点靠近底线附近。

(3)找一堵较高的墙,设定一个目标,离墙15米左右,对墙挑高球。要求球在通过最高点下落时,尽量碰到墙上设定的位置,反复进行正反手挑高球练习。

(4)一人在网前喂球,球速由慢到快,位置由中间到两边,另一人分别用正反手做挑高球练习。然后两人交换练习。

(5)利用多球进行专门的挑高球练习,先定点练习,然后再在跑动中不定点练习,难度逐渐加大。

(6)网前一人进行高压,一人在底线练习挑高球,尽量做到连续多回合不失误。

(7)网前一人截击或高压,为结合实践可在破网时突然挑高球。

(8)一人在底线送出高球,网前同伴用高压球技术分别击向左侧、中间、右侧,底线同伴迅速移动,并挑高球到网前,再让同伴用高压球回击。尽量多回合不失误。然后两人交换练习。

(9)按照双打要求,对方两人在网前截击或高压,练习方两人练习挑高球及防守反击技术。

八、反弹球

反弹球是在来球落地后刚刚弹起的一瞬间,进行击球的一项技术。在被动时,如对方将球打在脚下,来不及后退击球,又来不及上前截击球的情况下经常使用这种击球法。打反弹球是一种应急的打法,在一般情况下应该尽量避免使用这种打法。但对上网进攻的球员来说必须要掌握反弹球技术。在网球运动中,上网打反弹球是最具攻击性的击球之一。

(一)反弹球技术分析

1. 握拍和准备姿势

握拍方法以大陆式握拍方法为主,或者采用东方式反手握拍法。

2. 后摆引拍

眼睛盯住来球,迅速转身侧体,屈膝降低身体重心,保持下蹲姿势。打正手反弹球时,向右转体同时左脚向前跨步,膝关节弯曲(反手反弹球时动作相同,但方向相反),左手指向来球,此时身体前倾,同时保持身体的平衡,后摆动作视来球的速度及准备时间。

3. 挥拍击球

打反弹球是在球刚弹起时击球,击球点很低,因此在击球前必须屈膝降低重心,在身体的前外侧触球,肩侧对出球方向,球拍靠近地面,拍柄几乎与地面平行。击球时,手腕绷紧并控制拍面角度,注意拍面不要打开,更不要切削球,应该稳稳地把球送出。

4. 随挥动作

中场反弹球的随挥动作幅度较小,而底线深区的反弹球随挥动作与正、反手击球动作相似(还与还击深度有关,回击越深,随挥动作越大,反之则小),应充分前送以保证击球的质量,伴随着挥拍动作,身体重心前移,由深蹲交叉步的姿势站起,迅速准备下

第六章　网球后备人才技术能力培养与提高

一次的击球。反弹球的随挥动作比较柔和,既不像底线正、反手击球那样充分舒展,又不像截击球那样短促有力。

(二)反弹球技术训练方法

(1)运动员原地面对球网站立,然后做自抛反弹球的练习。

(2)运动员面对墙,距墙 5 米左右,对墙打一次稍高的球,再打一次刚落地的反弹球。

(3)运动员一边跑动一边击反弹球练习。

(4)两人一组,在网前或中场进行截击球与反弹球的练习,尽量多做几个回合的练习,练习过程中注意与对方的配合要默契。

第七章 网球后备人才战术能力培养与提高

网球运动战术是网球运动员技能素质的重要构成部分,也是网球运动员实战能力的重要表现。网球运动对抗中,运动员对网球战术的设计、组织、实施均体现了运动员的运动智慧和谋略。在网球后备人才培养中,战术是重点培养内容,本章就主要就网球后备人才的战术能力培养与提高进行深入分析与研究。

第一节 网球战术基本理论

一、网球战术的概念与分类

(一)网球战术的概念

关于网球运动战术的概念研究,有学者指出应从狭义和广义两个方面理解,而且不同学者对网球运动战术的研究也具有范围上的区别,这就使得网球运动战术的广义和狭义之分得到了广大学者的一致认同。

从狭义层面来看,在网球比赛中,运动员以对方的打法类型及技术特点为依据而采用的各种技术的原则和方法就是所谓的网球战术。

从广义的视角来看,运动员在网球比赛中有针对性地综合运

第七章　网球后备人才战术能力培养与提高

用技术、意志、智能和素质等的过程就是所谓的网球战术。现在一般认为,在网球运动中,根据网球规则、网球运动规律、比赛双方具体情况以及临场变化,网球运动员合理运用各种网球技术或两人配合所采取的有意识、有组织的策略集合以及相关行动,统称为网球战术。

网球运动员对战术的应用,表现为战术能力。网球战术能力是网球运动员整体竞技能力水平的主要构成部分,它是运动员掌握和运用战术的能力,网球运动员战术能力的强弱反映在其战术观念的先进性、个人战术意识及配合意识(双打)的强弱、战术理论知识的多少、所掌握的战术行动的质量和数量、运用战术的计时性和有效性等方面。

(二)网球战术的分类

网球战术可根据不同的标准进行分类。具体分析如下:
(1)根据表现特点,可将网球战术分为阵地战术、移动战术、目的战术、心理战术。
(2)根据攻防性质特征,可将网球战术分为进攻战术、防守战术。
(3)根据战术普适性特征,可将网球战术分为常用战术和特殊战术。
(4)根据运动员的技能水平的不同,网球战术可以分为初中级战术、高级战术。

当前,对网球战术的分类主要是从攻防方面进行分类。即将网球战术分为进攻战术和防守战术两大类,具体再细分为不同战术。

二、网球战术体系构成

(一)网球战术意识

战术意识是网球战术活动中一种心理的呈现,它体现了人的思维是否能与战术设定相符,是运动员根据时下情况对于战术的一种反映,进而在战术行动上体现出来。

网球运动员的战术意识对战术行动具有重要影响。

战术意识对战术行动的影响主要表现在如下几个方面:

(1)战术意识是网球意识的核心,具体来说,就是网球运动员在网球比赛中对战术运用规律性的认识与正确操作。

(2)战术意识在一定程度上影响着战术运用,两者呈正相关的关系。战术意识愈强,战术运用实现的几率就越大。

(3)战术意识对在比赛中根据对具体情况的观察及时作出正确的判断和应答,促进既定的网球战术的顺利实施。

(4)战术意识是网球运动员在网球运动实践中逐步积累与丰富起来的,而战术行动则是运动员在网球场上的一切运动行为。

良好的战术意识能够确保网球运动员在比赛过程中科学组织和实施战术,即使在比赛过程中遇到不可确定因素打乱之前的战术计划,也能迅速调整,重新投入比赛。

(二)网球技术基础

技术是战术的物质载体和实际内容,是战术实施的基础。

在网球运动中,良好的技术是网球运动员正确执行战术的基础条件,网球运动员全面实用、准确熟练的技术能够保障战术的执行。技战术之间紧密相连,不可分割,在比赛中的分析往往也是放到一起的,没有技术,战术也将不复存在。

(三)网球战术打法

网球战术打法,是网球战术体系的重要内容之一,具体是指在网球运动中运动员将相关技术与战术进行有效组合的具体形式。

网球运动发展到今天,在内容丰富的技战术基础上形成了多种战术类型打法。结合网球运动单打和双打对网球运动打法类型,具体分析如下:

第七章 网球后备人才战术能力培养与提高

1. 单打打法分类

（1）上网型打法。

这种打法类型的得分手段主要是来到网前展开进攻，使用这种打法类型的运动员，身材都比较高大，具有非常出色的发球技术和截击结束，有着良好的力量素质和速度素质，性格方面也多为外向型，在与人比赛的过程中喜欢速战速决，不恋战。这种打法在快速场地使用能够获得更好的效果。该打法类型能够达到克敌制胜的目的。

上网型打法又可细分为以下两种形式：

①发球上网：可起到先发制人的效果。发球员既可以打出不同的发球，如平击发球、上旋球等，又可以根据球落点的变化进行发球，目的就是给对方回球造成困难，然后迅速来到网前，利用高压球或截击球得分。

②随球上网：双方底线对攻中，在对方出现质量不高的中场回球后，果断上前抢点抽击并随后上网。这种打法要求网球运动员应具备良好的发球技术、能准确把握上网时机、移动技术熟练、网球判断能力较强。

（2）底线型打法。

底线型打法类型的网球选手通常将正反手抽击作为基础手段，能够通过凶狠、快速的底线抽击，以及稳定、准确的线路变化来调动对手，凭借自己快速、凶狠、准确和稳定的底线抽击，迫使对手疲于奔命而出现失误。对于运动员自身来说，这种打法的应用应将球打深、打出角度，将旋转球和平击球结合交替使用，运动员要有耐力、敏捷的步伐，有非常扎实的底线抽击球技术，以及准确的击球落点。

底线型打法在底线进行对攻，很少出现主动上网，只是在对方打出一个比较浅的球时，才"随击"上网进攻。该打法类型具体可分为以下两种形式：

①跑动型底线打法：要求运动员具有良好的步法及耐力,意志顽强并具有灵活的头脑。由于移动是其特长而技术少有威胁,因此缺少主动得分的手段。

②进攻型底线打法：要求运动员上旋发球技术稳定；接发球预判能力和手感非常优异；正反拍击球都具有很强的杀伤力。底线的优异突显出网前预判能力的缺乏。

(3) 全能型打法。

全能型打法类型的网球选手往往具有较高的技能水平,也是网球运动员都希望能够成为的类型,这类选手具有以下特点。

①发球阶段,可以凭借上旋与平击结合来制造出线路和旋转从而给对手带来最为直接的威胁。

②跑动过程中,能够很好地完成击球技术。

③有非常好的网前预判能力,能够创造出上网得分的机会,而且非常擅长上网,能很好地根据上网时机把握住上网得分机会。

④能够很好地控制场上比赛节奏,把握主动权。

⑤能够在底线进行回击球。

⑥能在对方来到网前时击打出穿越球。

⑦能在对手打出较浅的回球时,凭借灵活多变来获得胜利。

总之,全能型打法类型的网球选手技能均衡、全面,能在不同场地类型的球场上更好地对各种技战术加以灵活运用以处理好各种球,无论场地、对手怎样,都能够在比赛中很好地发挥出自己应有的技战术水平,并获得较好的比赛成绩。

2. 双打打法分类

(1) 双上网型。

双上网型打法的选手往往具有较强的进攻意识,在比赛中,通常在发球和接发球之后采用上网战术,充分利用自身的较强的网前截击能力、快捷、灵活的步伐,制造出有利的进攻条件和机会,占据上网先机,通过对球速的变化、落点的变化等,来调动对方,为自己的击球创造机会。

(2)一底一网型。

一底一网型的打法,同队的球员各有分工,同伴双方具有均衡、全面的技术,彼此的技术和配合不存在明显的漏洞。比赛中通过利用底线落地抽球的力量、速度、旋转和落点的变化,调动对手,创造抢攻和得分机会。

网球双打比赛中,网前球员和底线球员各司其职,网前球员具有非常强的抢攻意识,通过利用站位来给对方击球造成压力,底线球员通过利用正反手进攻、击球节奏、击球落点的变化,来为网前球员创造机会。

(3)双底线型。

采用双底线型打法的选手,一般来说都属于发球和接发球质量不是很高的选手,在网球双打对抗过程中,通过发球和接发球很难对对方造成威胁,故而两名球员都留在底线,主要是通过强有力的底线抽球、旋转和落点变化,制造赛中机会。

此外,在网球双打比赛中,如果己方处于防守情况,也多采用双底线战术打法以在防守中寻找由守转攻的机会。具体来说,通过双底线的站位来降低在发球或接发球处于不利局面时所面临的压力,减少同伴网前被攻击状态,争取稳定战局、过渡和转守为攻。

(4)综合型。

综合型打法的网球双打选手组合,是网球双打中最强的选手组合,他们既能够进攻,也善于防守。具有以下技战术优势:

①具有较好的底线正反手击打落地球技。

②具有较好的中前场技术以及良好的发球和接发球技术。

③具有较好的穿越球能力。

④能够根据对手的不同特点和不同打法制定有效战术。

⑤可采用双上网的打法,凭借快、狠的手段赢得前场优势,创造出抢攻得分机会。

⑥可采用一前一后打法,底线球员通过借助于多变、快速的

正反手击球技术,调动对方,从而创造抢点得分和进攻机会。

⑦防守接发球时,可采用双底线打法,伺机反攻。

三、网球战术科学制定

(一)根据环境制定网球战术

1. 根据气温制定网球战术

(1)应对高气温的战术。

气温高的环境下参与网球运动,运动者体力消耗较大,运动过程中需要强大的心理和意志来抵抗高温考验。对抗中,当自己感觉到酷热难耐时,对手也同样面临着高温环境,这时就要沉住气,充分利用高温环境调动对方,使其前后左右不断奔跑,以达到消耗对方体力的目的。一旦对方体力消耗了,那么其心理防线就很好攻破,己方在对抗比赛中的主动性和获胜优势就会更大一些。

(2)应对低气温的战术。

气温低时参与网球运动,要在比赛对抗前做好活动准备,以使身体尽快适应运动状态,进而有效避免发生运动创伤。

此外,气温低时,身体肌肉和关节僵硬,可导致发球质量不高,针对这种情况,可在挑边时选择接发球。

2. 根据阳光制定网球战术

一般来说,无论是专业的网球场馆的网球场,还是综合体育场馆的网球场地,多是按照南北朝向修建。因此,在网球比赛中,总会有一方是面向太阳的。站在迎面对着太阳光的一面,为避免阳光干扰,可采取以下措施:

(1)稍微改变自己的发球站位。

(2)抛球时略低于正常高度。

(3)如果对手在挑边时选择了发球,避免交换场地后朝向太阳发球,接发球应该尽可能选择太阳一边。

(4)面向太阳时,不要轻易上网,如果上网了,对方挑高球,应打落地高压,但尽量不要让对手觉察。

(5)背向太阳时,应记住挑高球的方向,一旦对手上网,随时准备挑高球。

3. 根据风向制定网球战术

(1)顺风时的网球战术。

面对顺风的情况,应注意结合风向和风的作用来制定战术,具体如下。

①顺风击球可加快球速,击球不应太大力,要增加球的旋转以防出界。

②网前击球受风影响较小,再加上对手处于逆风位置,回球的球速慢,以上两点便于己方网前截击,一定要积极上网。

③底线相持阶段,由于对方逆风击球消耗体能更大,因此,要将球打稳,拖住对方。

(2)逆风时的网球战术。

逆风击球时战术应用应考虑以下几点:

①全力击球,不用担心球出界。

②当对手上网时,可挑高球,然后及时随球上网截击。

4. 根据场地制定网球战术

(1)快速场地(草地场地)。

在快速场地上进行训练或比赛时,应注意以下几点。

第一,多使用削球和平击。

第二,发球时不要只追求大力发球,多发侧旋的小角度球。

第三,结合打高球,用非常小的引拍动作击球,然后移动至场内上网。

第四,攻击所有短球,要凶狠,上网并提前封住落点。

第五,采用低弹球的战略。

(2)慢速场地(沙地)。

在慢速场地上进行训练或比赛时应该注意以下几点:

第一,多击上旋球。

第二,发球时不要只追求大力发球,多发上旋球或有角度的高挑球。

第三,采用高球和上旋球,然后击半高球上网。

第四,攻击短球时将球击向对手身后。

第五,防守时变换打法。

(3)中速场地(室内场地、硬地)。

在中速场地上进行训练或比赛时应注意以下几点:

第一,多击旋转球,如上旋和半高球。

第二,发球时使用各种旋转和力量。

第三,采用不同旋转和不同高度的击球。

第四,攻击短球时击向对手身后,随球上网高空截击,采用满场飞的打法,截击空当。

(二)根据场区制定网球战术

1. 前场区网球战术

前场区,又称"拦网区",是网球场中最具进攻性的区域。前场区不会给运动员任何的选择,在网前的移动通常是侧向和向前的,位于该场区,必须完成向前的动作和进攻行动,因此击出的球应具有强攻击性。

2. 中场区网球战术

中场区,是网球场地中最重要、最难掌握的地域,中场区的战术选择和使用的重要目的就是利用打一个正手或反手击球结束该分向对手施加压力,自然地消除很多侧向和向后的动作。可选择战术较多,结合对方回球可以采取以下措施:

(1)来球弹跳很低时,可向前跑动打一个随球上网。

(2)来球弹跳较高时,可打一个正手或反手的击球结束这一分。

(3)试着放小球。

(4)保持向前的动作,可向对手充分显示出自己的自信心和权威性。

3. 后场区网球战术

后场区,是网球运动的基础击球区。在该场区击球对网球运动员有以下要求:

(1)运动员要有计划、视野与深度。

(2)运动员要有耐心。

(3)运动员要脚步移动灵活,能完成向前移动或给对方致命一击做好准备。

(4)运动员要能很好地把握击球角度及准确性。

(三)根据比分制定网球战术

在网球比赛中,运动员应善于根据比分适时改变自己的作战战术,争取在比赛对抗中变被动为主动。根据比分制定网球战术有以下几种情况:

1. 比赛开始时

采用动作的攻击。充分发挥自己的优点,打高成功率的球,让对手在场地上不断地奔跑,消耗其体力。

2. 比分领先时

应做球技的攻击(攻击对手弱点)。攻击要有控制和信心,球技的攻击会使对手的弱点在落后的压力下更加脆弱,这对己方有利。

3. 比分持平时

根据自身的实际情况,采用球技的攻击或动作的攻击。

4. 比分落后时

尽量采用动作的攻击,一方面,以限制非受迫性失误的产生,维持击球的继续并令对手跑动,消耗对手的体能。另一方面,使人心智集中,逐渐调整比赛状态。

现代网球运动竞争激烈,运动对抗比赛过程中,各种不确定因素多,上述所提到的各种战术应用并非绝对性的,需要运动员提高自身综合素质和能力,根据具体的赛况灵活处理各种情况。

四、网球战术运用原则

(一)目的、针对、优化原则

首先,网球战术运用应有一定的目的,在网球比赛中运用战术,就意味着对一套现实可行的比赛方案进行设计。设计方案时,要先学会正确全面地分析与评价自己和对手。运用战术能够使运动员取得明显的进步,运动员在运用战术的过程中也能够体会到一定的乐趣。在比赛开始前,运动员不仅要了解自己所掌握的技术情况,还要了解对手整体作战的情况,战术的运用既要攻守相对,又要在比赛中以己之长攻彼之短。要求结合本队运动员的特长组织战术,以发挥本队的优势,提高战术质量。

其次,网球战术运用要有针对性,并做到针对性与优化性相统一。针对性是指目标要明确,既要考虑攻守,也要针对对手,做到以己之长攻彼之短。

最后,网球运动中,针对对手特点、赛场变化,应选择最佳的战术及其组合进行实施,以最大限度地发挥己方的优势,既要有突破一点带动全局的设计,也要有各种各样的搭配,能扬长避短,出奇制胜。

第七章 网球后备人才战术能力培养与提高

(二)积极主动原则

网球运动竞技性强,在比赛过程中,运动员一定要敢打敢拼,对于中战术的应用要做到积极主动。

在网球比赛中,运动员在制定战术时要秉承积极主动的原则,争取主动以掌控比赛节奏,做主动控球的一方。应做到以下几点:

第一,详细观察和分析比赛,一旦确定战术,坚决贯彻执行。

第二,比分领先时,要做到胜不骄,乘胜追进。

第三,处理关键球时,不手软,大胆贯彻自己的战术意识。

第四,落后时,不急躁、不气馁,顽强拼搏,坚持到比赛的最后一刻。

(三)统筹兼顾原则

统筹兼顾是网球战术运用对运动员的基本要求,对于各种战术的执行运动员自身要做到心中有数,在比赛中有针对性地做出最正确的战术行动。

网球战术运用的统筹兼顾体现在网球比赛前和比赛过程中两个阶段。具体分析如下。

首先,在网球比赛前,赛前战术的制定,应充分考虑对手的技战术打法与特点,并在赛前收集"情报"后仔细研究对手是否学习了新的技术等。

其次,在网球比赛过程中,赛间战术的制定,运动员要通过具体的观察和分析,结合场上发生的情况和与赛前战术制定有所区别的改变和适度调整,随时关注场上形势的走向,并结合比赛形势及时调整战术。

(四)扬长避短原则

体育运动战术的最大作用就是扬长避短。技术再全面的运动员也会有较为擅长的技术或某项技术漏洞。因此,在比赛对抗中,要结合自身特点,扬长避短地制定和使用战术,网球运动也不例外。

每个网球运动员都有自己的优势与不足,都有自己的打法和风格,优秀网球运动员的打法风格更是比较突出。在制定战术打法时,秉承扬长避短的原则,需要运动员在比赛中做到以我为主,清楚自身的特长技术和打法,首先应将自己的特长充分发挥出来,运用自己擅长的技战术来与对方展开对抗,在此基础上,仔细观察对方暴露出来的弱点与缺陷,尽力寻觅对方的技术漏洞,然后针对这些不足采取富有侵略性的攻击,以己之长攻彼之短。

网球实战比赛中,扬长避短战术的应用举例如下。如对手的步法技术不好、反手力量较小、网前技术有缺陷经常出现失误等,这些都是可以被利用的不足,为己方得分提供了契机。再如,有的对手对高而深的球处理不好,这时就应该专打高而深的球;有的对手正手或反手击球时总有一侧手是不灵活的,这时应采用正手、反手再正手的顺序来与对方展开对抗,如果对方没有出现失误,可采用反手、正手再正手的顺序来进行攻击等。

(五)有机结合原则

在网球比赛中,战术仅仅是获得比赛胜利的手段和方法,而不是取胜的唯一条件,针对此,网球运动战术应遵守有机结合原则,具体来说,就是要做到战术与技术科学合理的结合。

技术是战术的基础和组成部分,没有过硬的技术,再好的战术也不能使运动员获得比赛的胜利。因此,网球运动战术的运用必须同技术的运用紧密结合。不同的网球技术在运用时会达到不同的效果。制定好战术打法后,就必须选择与之相适应的技术动作,也只有具备了良好的技术时,才能充分实施战术。

(六)攻守平衡原则

纵观网球运动发展史可以发现,由于网球在发展的过程中存在技术上或器材上的不足,所以在其战术打法的演变中会经常出现主攻时期或主守时期。

网球运动发展到今天,技战术更加全面,单纯的进攻或防守都不能收到很好的效果,技战术的发挥更倾向于攻守平衡。

攻守矛盾对抗是网球运动的基本规律。具体来说,在网球战术实施中,要求运动员做到攻守兼备,组织战术时既要考虑到如何退防,又要考虑到如何反击,做到攻守转换的相对平衡。

(七)机动灵活

网球比赛属于开放性的竞技活动,场上受影响因素多,网球比赛过程中的控制与反控制的运动,对抗的双方都会针对场上的情况随时对战术进行改变,比赛形势往往瞬息万变,这就需要运动员应采用极具针对性的防守或进攻战术。只有这样,才能更加有效地打乱对方的部署,破坏对方比赛节奏。

在这里必须强调的一点是,机动灵活地运用战术,并不是意味着在赛前的全面分析而制定的战术实施就是无效的,需要全盘抛弃,应该鼓励和提倡运动员在执行预定攻守计划的同时,充分发挥自身的主观能动性,适时改变战术以应对场上的不同局势。要想做到这点,运动员在日常训练中就要认真研究不同战术的应用场合和技巧,还要多多参加有质量的比赛,增加比赛经验。

总之,网球运动员应根据网球技术、战术的发展和比赛规律,灵活机动地运用战术,掌握快、慢节奏,不应被预定的阵势所束缚,防止失去主动性和创造性。既要正确执行战略与战术,又要把握比赛的实际,捕捉战机,随机应变,提高战术应用效果。

第二节　网球单打战术培养与提高

一、网球单打发球战术

(一)发球战术基础

1. 发球站位

网球单打发球站位应选择既有利于进攻,又便于衔接下一个动作的位置。主要有如下几种：

右区发球时，一般站在接近中点线的位置。

中点线附近时，发直线球易击中对方的反手，破坏其强有力的进攻性击球。

左区发球时，可站在中点线附近或距中点线稍远的位置。

2. 发球战术

(1) 发平击球。

平分发球区（右区）发平击球：以右手持拍者为例，站在靠近中心处，所瞄准的目标也是中心线。从这个位置上发球，球飞行距离最短，球可以从球网最低处通过，保证发球的成功率较高。有效地打到发球区后使对手后撤。

占先发球区（左区）发平击球：以右手持拍者为例，取位于中心线附近，瞄准的目标也是中心线。与平分时一样，发球可以从网子最低的位置上通过，此时球虽然是发到对手的正手，但是从中心方向接回的球很难打出角度，有利于自己防守。

(2) 发切削球。

平分发球区（右区）发切削球：以右手持拍者为例，站在离中心线标志向右边线方向横跨一步的位置上发球，瞄准边线，使对手被迫追出场地外去接球。

占先发球区（左区）发切削球：以右手持拍者为例，站在靠近中心线的位置上，瞄准边线发球。球弹起后向左飞，增加对方接发球难度。

(3) 发旋转球。

平分发球区（右区）发旋转球：以右手持拍者为例，站在靠近中心线的位置上，瞄准对方的中心线。旋转发球落在对方场地后弹起是向后右侧高高地飞去（从发球方看是向右），而对于接球者来说，球已弹到其反手侧。

占先发球区（左区）发旋转球：以右手持拍者为例，站在距中心线一步远，瞄准边线。旋转球落地后弹起时直逼对手后侧，而且由于发球有角度,可迫使对方追出场外去接球。

(4)其他注意事项。

①提高发球成功率,减少发球失误。

②精确控制发球的落地。

③提高发球威力。

④力求发出的球具有较深的落点。

⑤尽可能地提高发球力量和球的旋转。

⑥发球时,要力求将球发向对手较弱的一侧,一般来说,发向对手的反手位置,并结合突袭对手的另一侧。

⑦如果对手的精力放在两侧,此时可以突袭对手中路,发追身球。

⑧要对发球的节奏加以变化。

⑨要对发球之后第三拍的打法进行有目的的改变,这样能够迫使对手时刻观察和琢磨本方进攻意图,从而造成对手接发球质量下降。

⑩通过利用站位等假象来迷惑对手,有效掩饰本方发球的真实意图,从而获得出其不意的效果。

⑪在第一发球区进行发球时,可以利用切击式发球将对手大幅度调动到场地之外。

(二)发球实战训练与提高

1. 第一次发球

多用大力平击发球使对方难以抵挡,造成接发球失误,或用切削发球、上旋发球打落点,发至对方防守较差地区。

2. 第二次发球

发球要准确,力求凶狠,打落点。多用切削发球或上旋发球。

3. 不同场区的发球

在右区发球时,应站在靠近中点发球,第一发球一般采用平击大力发球,发向对手右发球区中线附近,迫使对手用反手接发球。如果一发失误,则第二发球一般采用侧旋发球,发球速度相对慢一些,避免双误,发向对手右发球区边线附近,利用侧旋迫使对手离开场区接球,使对手只能打出轻软的球,发球上网的选手就很容易上网截击(图7-1)。

在左区发球时,应站在离中点1～1.5米处发球,第一发球一般应发对手的左边线附近(图7-2中的第1落点),即对手的反拍边,让对手用反手来接球。第一发球时可以将大约1/4的发球机会选择图中的第2和第3落点。左区发球的第3落点对接球方来说是一种追身球,如果球的速度快、力量大,可令对方措手不及。

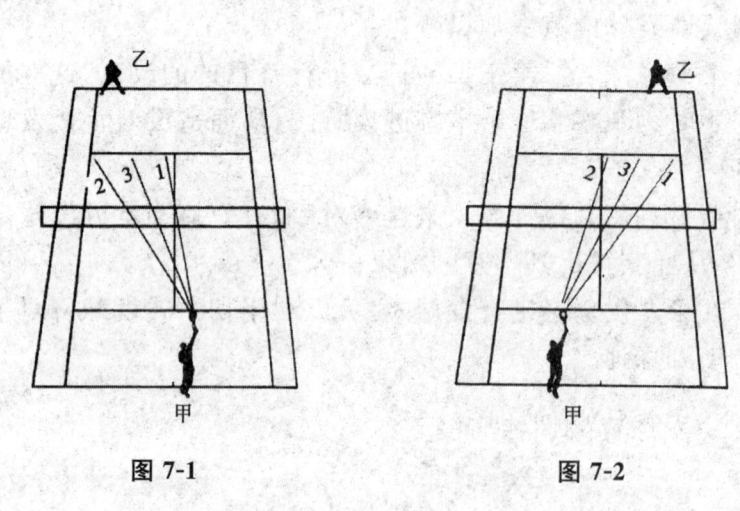

图 7-1　　　　　　　　图 7-2

二、网球单打接发球战术

(一)接发球战术基础

1. 接发球站位

一般站在对手发球扇面角度的角平分线上,或根据个人接发球能力予以适当调整。若对手较差,站位应稍偏左;若对手擅长

第七章 网球后备人才战术能力培养与提高

发斜线和带旋的球,站位应稍偏右。

2. 接发球击球

要把握好击球的方法,选择好击球的落点,为自己创造上网的机会,不能只是被动地击球、挡球。常用的击球方法有平击抽球、拉旋转球、切削球、拉底线两角球、挑高球上网等。

3. 接发球战术

(1)针对对手第一发球后上网的情况。

①快速前迎将球从球网的中央切击到对方的脚下。

②通过借力打出一个小斜线或直线穿越球。通常来说,小斜线球要比直线球更加安全一些。

③面对对手快速来到网前时,可以使用下旋球技术吊一个高球到对手的后场。

(2)针对对手第一发球后不上网的情况。

最理想的办法就是首先回击一个落点较深、弧线稍高的球,这样能够将不必要的失误降到最低。

(3)针对对手第二发球的情况。

①在第一发球区,可以抓住时机使用侧身正拍回击对手发往中场的球来进一步加强进攻。

②回给对手一个大角度或较深的球,并随球上网截击。

③故意将自己较强的一侧让出,以增大对手发球的心理压力。

(二)接发球实战训练与提高

结合网球运动的不同场区,对网球运动员在接发球实战学练中培养和提高战术能力。具体分析如下:

1. 右区接发球战术训练与提高

右区接发球,站在底线偏右的位置。

如果对方发球后仍留在端线处。图 7-3 所示的 3 个落点均可采用。第 1 落点为斜线深球,球可从网的最低处越过;第 2 落点击向对方的反手;第 3 落点是一个较短的斜线球,难度较大,但能将对方拉开,为下次击球留下空当。

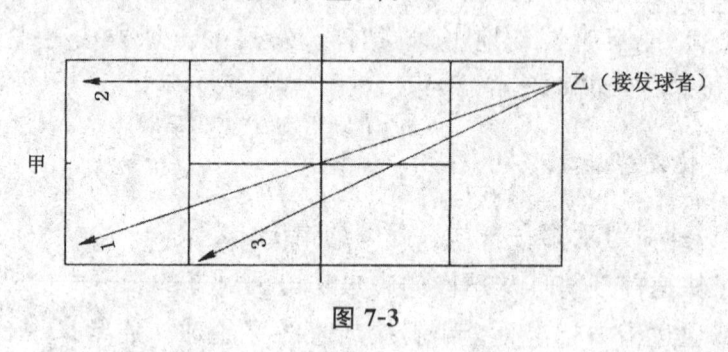

图 7-3

2. 左区接发球战术训练与提高

左区接发球,站在对方可能发出角度的分角线上,在底线偏左的位置(图 7-4)。

对于接发球落点的考虑顺序,以斜线球为主,第 1 落点为打到底线附近的斜线球;第 2 落点为发球区附近的斜线球;第 3 落点为打直线的底线球。

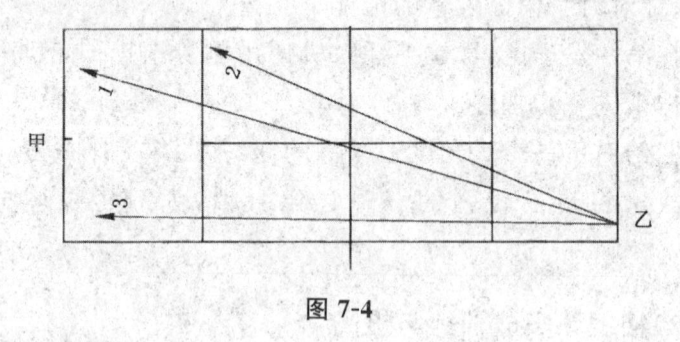

图 7-4

三、网球单打网前战术

(一)网前截击战术

基本站位应取位于对手可能回球的范围之内的正中间。具

第七章 网球后备人才战术能力培养与提高

体如下：

(1)根据自己的进攻路线和球的深度,预测对手返回来球的可能范围。

(2)朝着"预测范围"的正中央移动取位。

(3)正确取位的确定,最重要的是确认自己所击出的球应落在对方场中的位置,看清对手跑位和击球姿势,以此预测对方的回球和自己站位。

(二)发球上网战术

结合不同场区,对网球运动员网前战术的培养和提高训练具体分析如下。

1. 右区发球上网

右区发上旋球上网:第一发球,平击或强力的上旋,落点在对方右区内角,然后上网冲至发球线中线,判断来球,截击至对方底线正、反手深区,再随中场截击靠近球网,准备近网截击(图 7-5)。

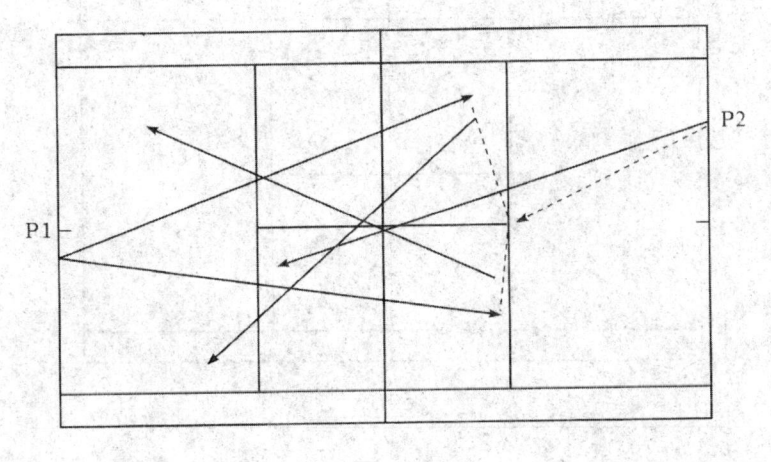

图 7-5

右区发侧旋球上网:第一发球,发切削侧旋球,落点在对方发球区右区外角,然后上网、冲至发球中线偏左,封住对手正手的直线球,将球截至对方反手空当区域(图 7-6)。

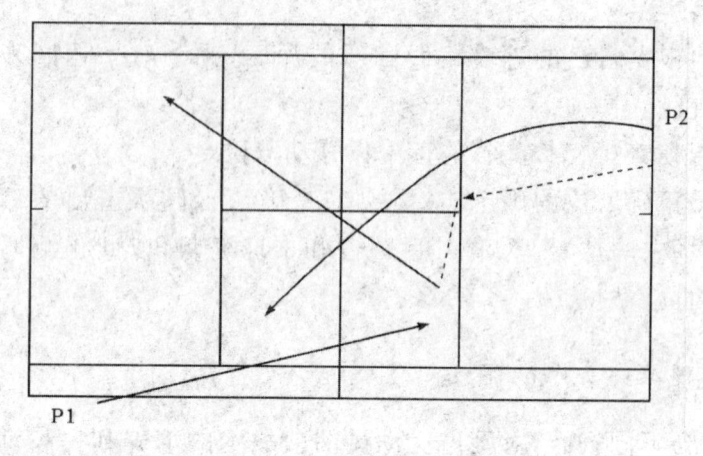

图 7-6

2. 左区发球上网

左区发上旋球上网：第一发球发上旋球，落点在对方发球区左区外角，然后上网，冲至发球线偏右，封对方反手直线球，将球截至对方正手区域（图 7-7）。

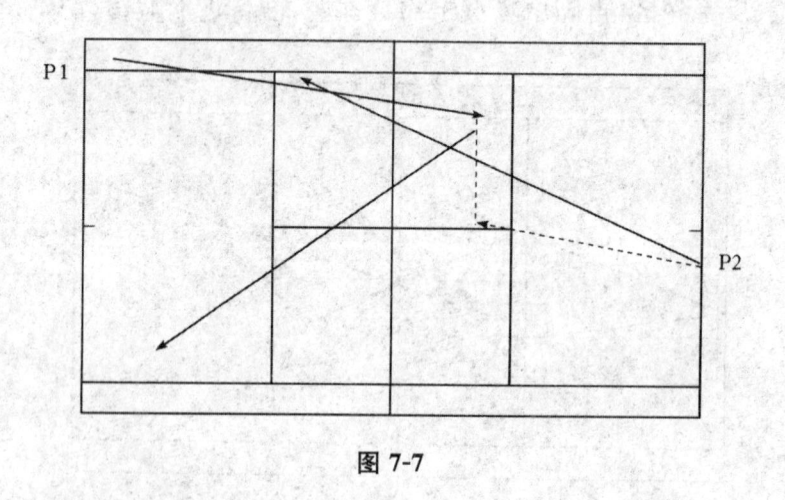

图 7-7

左区发侧旋球上网：平击发球或切削侧旋发球，落点在对方的左区内角，然后上网到中场处，将来球截击至对方正、反手底线深区，再随球跟进，近网截击（图 7-8）。

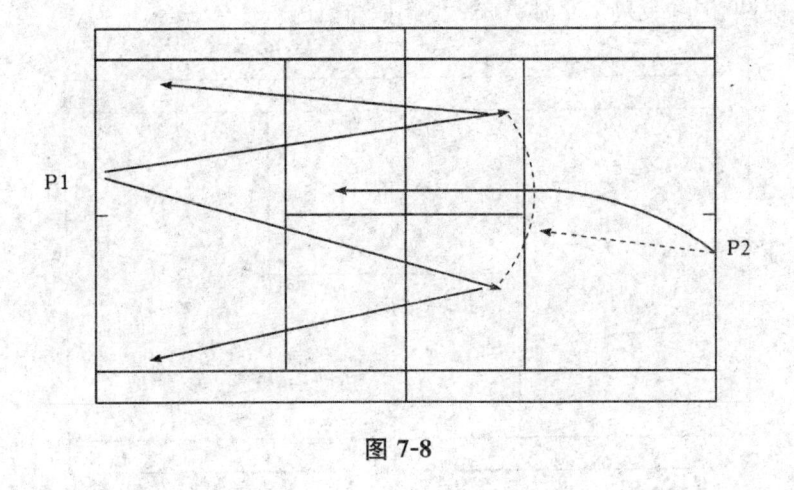

第七章 网球后备人才战术能力培养与提高

图 7-8

(三) 接发球上网战术

结合不同场区,对网球运动员接发球上网战术的培养和提高训练具体分析如下。

1. 接右区(平分区)二发上网战术

网球比赛中,接右区外角二发时,用正手抽击或推切球,回击直线上网(图 7-9)。

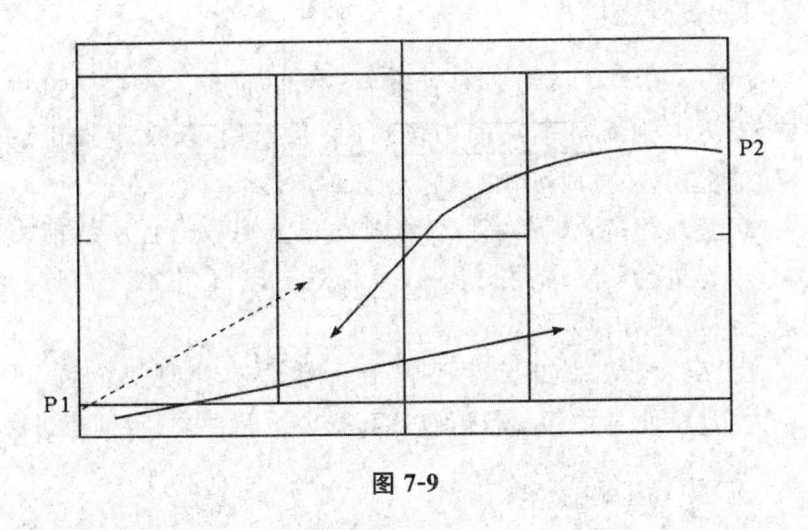

图 7-9

网球比赛中,当对手把右区二发,发在内角时,用反拍抽击或

· 223 ·

推切回击直线球,打对方的反手上网(图7-10)。

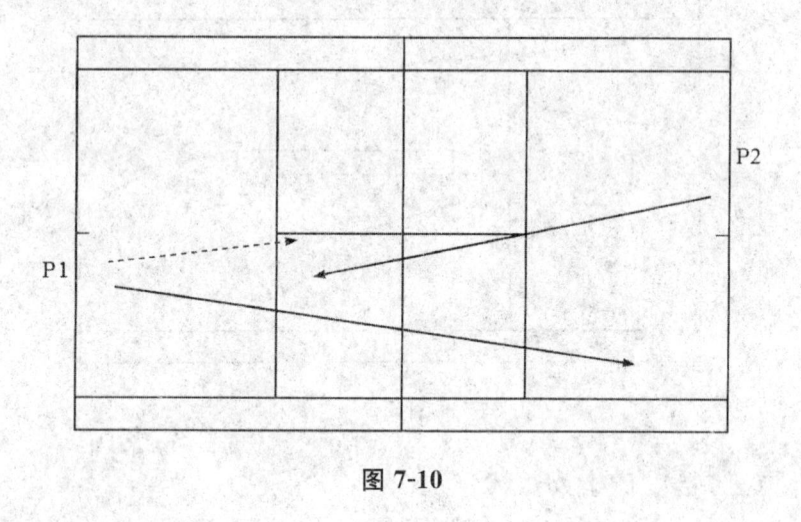

图7-10

2. 接左区(占先区)二发上网战术

如果时机适合,网球比赛中,运动员可根据对方技术情况,利用反手抽击或推切球,回击对方的弱点上网,以打直线上网为佳,原因在于,距离短,对方准备时间仓促;而且上网后容易封住对方回球角度,压制对方。

(四)随球上网战术

随球上网战术,多在网球比赛中双方在底线对峙的情况中出现,当对方出现质量不高的中场球时,果断用正、反手抽击或削球,随球上网。

(1)底线相持,如果对手不善于发球上网截击且底线能力较强,当出现机会后随球冲跑上网,然后截击,注意上网之前这一拍一定要压迫对方。

(2)底线相持,如果对手不善于上网截击,出现机会后,可选择打大角度,使对手移动救球破坏其身体平衡,为截击创造机会。

(五)中场上网战术

网球中场上网,可通过以下战术练习提高战术能力:

第七章　网球后备人才战术能力培养与提高

(1)截击:连续截击不要超过3次。截击空当抢分。

(2)击高球:始终将球击向对手弱的一侧。

(3)随球上网:先打一直线,随球上网,朝空当截击。

(4)随球上网时一般不要打斜线。

(5)打深而高的球,对手回球时应上去封住直线超身球。

(6)挑一高球,对手不用高球扣杀,上网同时,当心对手挑高球。

(7)击一轻吊球,对手上来救球,应上网封死角度。

四、网球单打底线战术

(一)对攻战术

网球对攻战术,旨在配合速度和落点变化,利用底线正、反手抽击球连续进攻和压制对方,以抢夺阵地和争取比赛主动。具体战术学练如下:

(1)两人对抗,以正、反手抽击球的速度、力量攻击对手的弱点,用速度压住对方。

(2)两人对抗,用正、反手强有力地抽击球,连压对方一点,突击其另一点。

(二)调动对方战术

调动对方,消耗对方是网球运动中常用战术。具体训练方法如下:

(1)两人对抗,用正、反手的有力击球,调动对方大角度跑动,同时寻找进攻得分机会。

(2)两人对抗,在调动对方两边跑动时,突然连续打重复球,再加变线。

(三)拉攻战术

拉攻战术多在底线型打法中使用,网球对抗中,及时把握战

机,根据不同击球压制对方,争取主动。具体战术训练方法如下:

(1)正、反手拉强力上旋至对方底线两边大角深处,防止对方上网及底线起板反击,伺机突击。

(2)正、反手拉上旋球时,加拉正、反手小斜线,调动对方跑动和出现低质量回击,伺机进攻。

(3)逼近对方反手深区,伺机突拉正手。

(四)侧身攻战术

侧身攻战术,多利用强有力的正手抽击球,配合准确预判和步法移动,在2/3的场地上用正手压制对方。战术学练和实施方法具体如下:

(1)连续正手攻击,创造得分机会。

(2)全场正手逼攻对方反手,突击正手。

(3)正手进攻,调动对方移动,反手控制落点,伺机正手突击。

(4)正手进攻,连续打重复球。使对方重心调整不过来,而出现被动或失分。

(五)紧逼战术

网球优秀运动员多喜欢使用紧逼战术,战术节奏快速,令对方无喘息之机。战术学练及应用具体如下:

(1)接发球时,紧逼抢前进攻,使对手有压力和无暇准备。

(2)连逼对手反手,突击正手,伺机上网。

(3)紧逼对方两角,使其被动或回球出现错误,伺机上网。

(六)防守反击战术

防守反击战术指在执行防守反击战术时,利用良好的底线控制球能力,发挥判断准、反应快、步法灵、体力好、击球准的特点,调动对方,伺机反攻。战术学练及应用具体如下:

(1)对方发球上网,己方接发球可采用迎上借力击球,把球打到对方脚下或两边小角,然后准备第二板反击破网。

(2)对方底线紧逼,己方可采用底线正、反手上旋球至对方底线两边大角深处,不给对方进攻得分机会,然后再伺机进行反击。

(3)对方随球上网,己方应提高底线破网第一板的成功率、突击性、高质量,争取第二板破网反击。

五、网球单打不同场区战术

(一)前场区战术

前场区,即"拦网区",最具进攻性,网球运动员成功完成了后场区与中场区战术设计后,应争取在前场打具有权威性的球、将球打死等来得分(图7-11)。

(二)中场区战术

中场区,也称"随球上网区",是网球运动比赛中最重要也是最难掌握的地域(图7-12)。当对手的回球弹落在这一区域内,可采取以下战术形式应对:

(1)来球弹跳较高时,击球结束这一分。
(2)来球弹跳很低时,向前跑动打球上网。
(3)放小球。

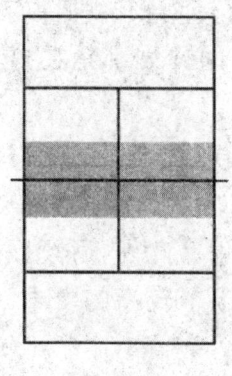

图7-11 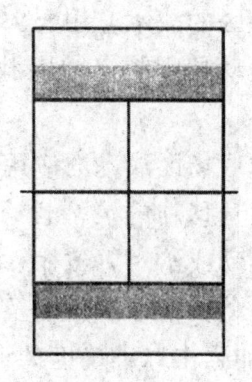　　　　　　图7-12

(三)后场区战术

1. 后场区战术解析

后场区是网球场地中的基础击球区。在后场区位于场地后边线的部分(图 7-13),如果对手连续打出很"深"的球,这些球的落点将迫使己方向侧向跑动。此时,只有一种选择——回打同样非常深的球。

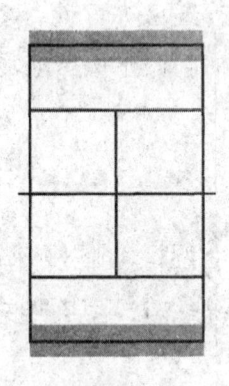

图 7-13

2. 后场区战术训练

后场区的战术应用要求有耐心、有计划、有视野、有深度。因为通常运动员所制定的取胜每一分球的计划都是在这一区域进行的。

网球后场区战术的应用训练中,网球运动员必须时刻保持有耐心及侧身移动的灵活性,击球角度及准确性,以为最终所要完成向前移动或给对方致命一击做好准备。此外,后场区战术的应用还对运动员击球的角度及准确性提出了较高的要求,在网球训练中,应加强击球准确度的训练。

第三节　网球双打战术培养与提高

一、网球双打战术站位

(一)双打发球局站位

1. 常规(异侧前后)站位

(1)右区发球站位。

网球双打站位如图 7-14 所示。

发球员 A,站在底线右侧中点与双打边线的中间或略偏右 20～30 厘米的位置上,与网前同伴 B 保持合理距离,充分变换发球的落点。

同伴 B,站在左侧网前距网 2～3 米、距左侧双打边线和发球区中线之间的位置上,以保护边区为主,兼顾中路,给对方(运动员 C)以抢网进攻之感。

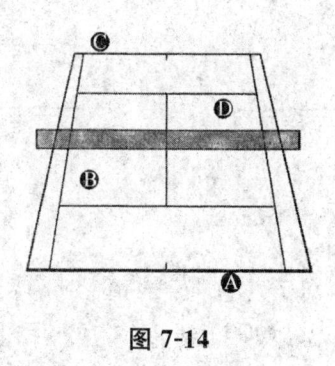

图 7-14

(2)左区发球站位。

网球双打左区发球站位如图 7-15 所示。

发球员 A,站在左区双打边线与中点之间略偏左位置,以发出拉开对方的外角球,并不影响向对方中区内角发球。

同伴B,站在网前右区,距网2～3米、中线与右侧双打边线之间,确保右侧不被直线穿越,兼顾中路。

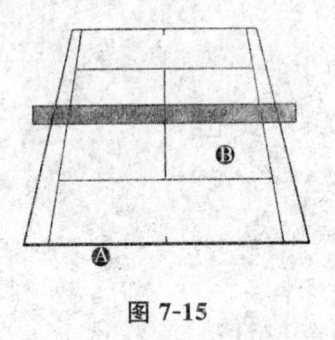

图7-15

2. 非常规(同侧前后)站位

(1)右区发球站位。

右区发球站位,又称澳式双打,如图7-16所示,接球员C擅长回击小斜线球,网前同伴B无法抢截,发球员A冲上网也很难处理,十分被动,针对此,应和队友调整为同侧站位方法(图7-17)。

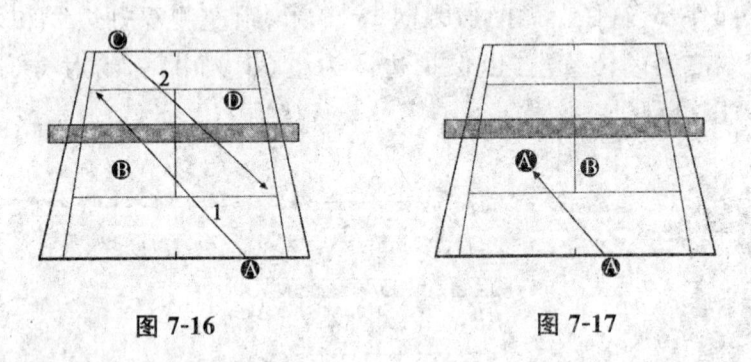

图7-16　　　　图7-17

(2)左区发球站位。

如图7-18所示,对方C在左区擅长打破网小斜线,我方上网进攻受阻,网前同伴B很难抢到,A上网后也很难处理,针对此,应改为左区同侧站位。

如图7-19所示,B换网前站位于左侧与A同在左场区,发球员A在底线中点附近,以发球后上网封住对方右半场区回球,迫使D直线回击,回球质量低和易失误。

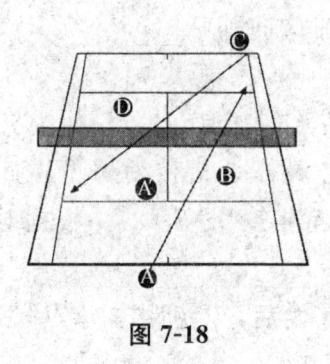

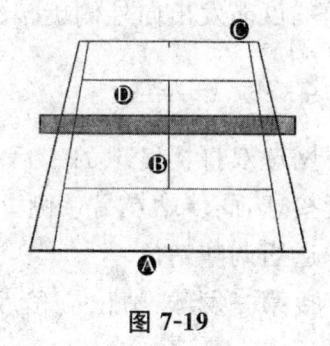

第七章 网球后备人才战术能力培养与提高

图 7-18　　　　　　　　图 7-19

（3）特殊站位。

如图 7-20 所示，发球员 A 目的是把接球员拉出场外回击，站位需要网前同伴配合，同时，上网应防范小斜线破网的来球，但 B 与 A 相距较远，全交叉换位抢网难度大，且不易本方大面积防守，A 向外站会引起接发球员注意防范外角落点。为迷惑对方，可发内角球，出其不意。

就发球员的同伴来说，如图 7-21 所示，网前的同伴 B 向外侧站，接球员 C 不敢打直线，但 A 发球后 B 迅速向中路抢截，站位变化可有效干扰对方。

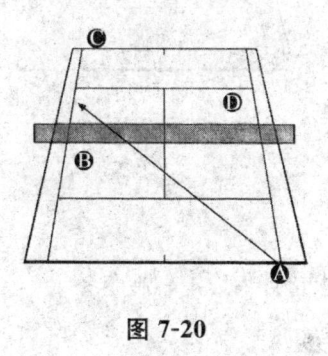

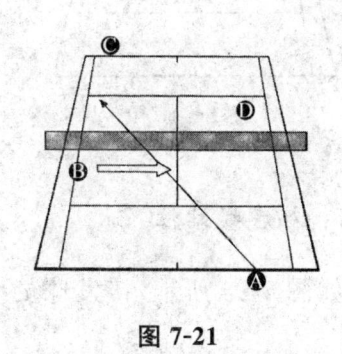

图 7-20　　　　　　　　图 7-21

（二）双打接发球局站位

1. 左—右站位

如图 7-22 所示，发球员 A 没有能力发大角度侧旋球，接发球员 C 可放弃外角往里站，发球员 D 的站位同理。如果发球员左手

· 231 ·

持拍就可能发出向外侧旋转的球,此时应向外站。

2. 前—后站位

网球双打接发球的一后一前站位具体是指接发球员在底线附近接球,同伴站在另一侧发球线附近准备(图7-23)。根据对方发球适当调整站位。

接第一发球:站位应稍后,但不宜太后,以免距击球点较远,不利还击。

接第二发球:如果对方的球旋转增加,站位应稍前。

接大力的旋转发球:要站得很近,不宜太后,注意判断落点。

接攻击力不同的发球:对方的发球越有力、球速越快,站位应适当向后调整。反之应向前调整站位,稍向前站一些,以便于抢先进攻。

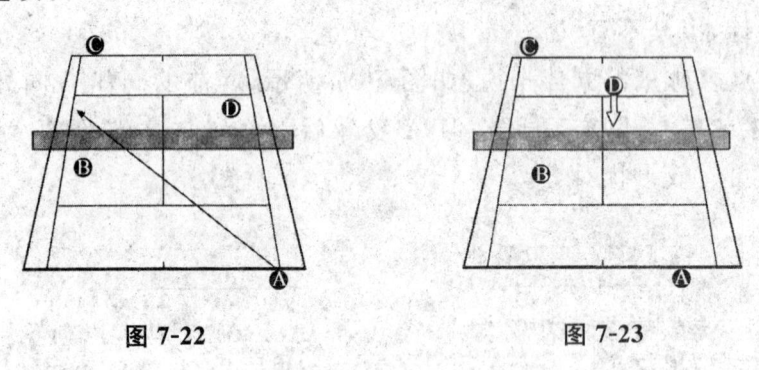

图 7-22　　　　　图 7-23

3. 双底线站位

如图 7-24 所示,接发球员接球时同伴在另一侧准备。

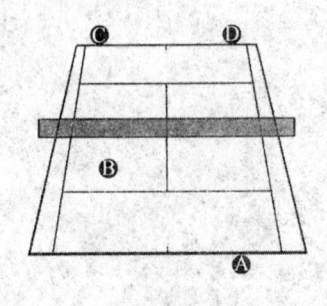

图 7-24

二、网球双打战术配合

(一)发球配合

在网球双打战术培养与提高教学与训练中,同伴间的发球配合应注意以下两点:

(1)发球前,与同伴沟通,让同伴了解自己发球的落点,以便同伴做好抢网准备。

(2)注重一发成功率,落点以内角和中路居多,迫使对手无法击出大角度的回球,为同伴网前截击得分创造机会。

(二)接发球配合

网球双打接发球难度大,容易被截击,同伴间的接发球应注意以下几点:

(1)接发球时主动进攻,向前逼近,给对方施加压力,瓦解对方优势,伺机反攻。

(2)接发球的路线,以打斜线为佳,如果发球方抢网很凶,可用打直线抑制对手抢网。

(3)形成双上网阵势时,应将球击向对手中路的脚下,让对方因同时救球或让球而出现失误。

(三)防守配合

网球双打防守配合应注意提高以下战术意识和能力。

(1)如果同伴局面被动,要给予支持和援助。

(2)如果同伴被迫挑高球时,自己要立刻后退,形成共同防御的态势。

(3)如果同伴被拉出边线,自己立即靠近同伴,封住对手主要击球线路,避免我方场地出现空当。

(四)网前配合

网球双打网前配合应在双打中引起足够重视,正确防守网前,要点主要在于一起进退,并根据对手具体的站位情况拦至对方上网者的脚下或空当区域。

(五)抢网配合

抢网是指网前者突然横向或向斜前方移动,拦截正常管辖区域之外的来球。网球双打抢网配合要求同一方的运动员应明确以下配合要点:

(1)确定是否抢网,事先和同伴用暗号或语言交流商定,以便同伴配合。

(2)做好抢网准备:提高敏捷思维、准确判断、快速移动能力。

(3)确定抢网时机:准确判断、及时移动,在对手击球的一瞬间起动,切记不能提前移动,以免对方知晓我方意图,提前做好防范准备使我方陷入被动。

(4)确定抢网路线:以向对方运动员之间的空当击球为佳,其次则选择对方网前者的脚下。

(5)确定防守区域:防守好我方空当区域,对抗过程中同伴之间任何一人移动,另一人要及时移动补位,做好防守,以免导致攻守失衡使对方有机可乘。

三、网球双打战术能力培养与提高

(一)结合站位的战术训练

1. 发球局双上网战术

(1)一后一前站位。

如图 7-25 所示,发球员 A 发球上网至 A′处去处理低截击球(包括反弹球)以斜线深区为主。

第七章 网球后备人才战术能力培养与提高

(2)双底线站位。

结合场上对抗情况,具体战术实施如下(图7-26):

①观察对方两人破网反击能力,集中攻击对方能力较薄弱的环节。

②尽量回击短而低的球,迫使对方跑上来破网。

③尽量回击中路深区球,造成对方配合失误,攻击对方因接中路球而暴露出来的空当。

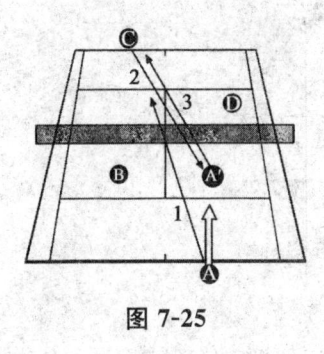

图 7-25 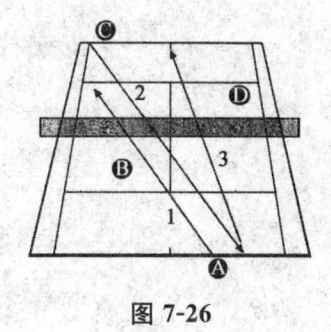   图 7-26

2. 发球局上网抢网战术

(1)不换位的抢网。

如图7-27所示,抢截攻击的落点在接发球员同伴的脚下,如果他退至底线防守,可打角度球或攻中路。

(2)全换位抢网。

如图7-28所示,发球的攻击点为对方不易打出角度而且是比较薄弱的环节,发球员补位上网要快,截击准确,给对方心理压力,打乱对方接发球习惯。

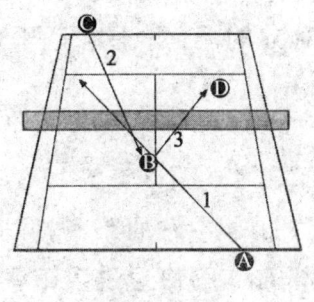

图 7-27 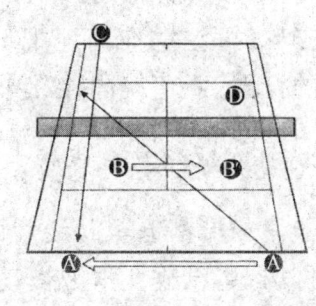   图 7-28

· 235 ·

(3)特殊站位抢网。

如图7-29所示,网前队员B站在发球员A的前方几乎挡住发球线路,但B蹲得很低,球发出后,可以像(E)向左前方封抢直线球,攻击对方C、D空当,发球员A仍向右前方上网;另一种换位抢法(F)封抢斜线,发球员A上左侧网前。

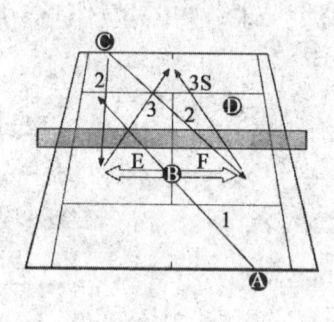

图 7-29

3. 接发球局双上网战术

为了更好地抢占网前有利的位置,在对方发球时,本方接发球员通过利用较小的移动距离来获得更大的防守范围。迎前回击球,并随球上网,迎前击球能够使接发球的速度变得更快,以对对手发球上网截击或抢网造成困难。接发球员回击球的方式有很多,总的原则是将自身优势充分发挥出来,并对对手的目的加以抑制。

4. 接发球局反抢战术

如图7-30所示,接球员A一旦抢攻得手,同伴B可网前反攻。击球时,注意准确地把球回击到对方的场区;注意避开对方凶猛的抢网,避免使同伴在中场处于被动。

5. 接发球局双底线战术

接发球员都退至底线后两人保持3.5米左右的距离,同时守住双打场地,以改变本方被动局面,破坏对方的快速进攻节奏,迫使对方在网前不容易截击得分。

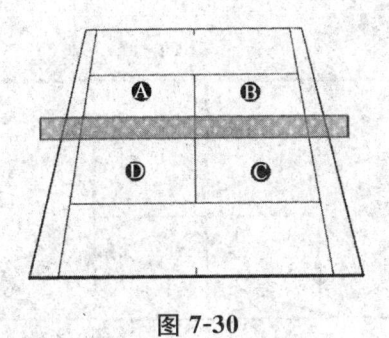

第七章 网球后备人才战术能力培养与提高

图 7-30

该战术的组织实施应注意提高接发球的成功率,然后伺机反击,打穿越球要凶狠,主要以中路球、两侧边线小斜线为主,并结合上旋高球来获得场上主动。

(二)结合场地的战术训练

1. 网前和底线战术训练

攻防双方运动员,四人打 2 只球,以练习网前连续截击的进攻能力和底线连续破网反击能力,以对抗形式进行练习(图 7-31)。

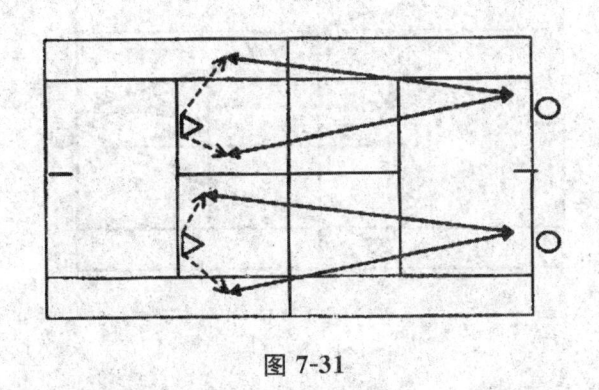

图 7-31

2. 发球上网战术训练

进攻方一人发上,一人网前,轮流发球上网,进行双打发球上网战术的配合练习。为提高进攻方发球上网后处理中场第一拍截击球的能力,训练中,要求对方有较高的接发球成功率(图 7-32)。

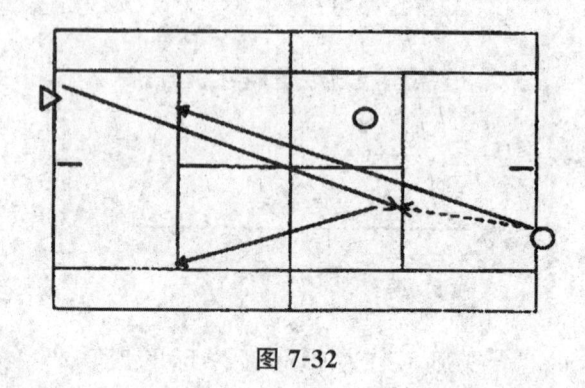

图 7-32

(三)结合技术的战术训练

1. 底线破网或网前截击战术训练

双打训练,进攻方两名运动员在球场一边的左右半区的网前或底线,防守方的一名运动员结合自己双打站位,在底线或网前进行半区的破网和网前练习(图 7-33)。

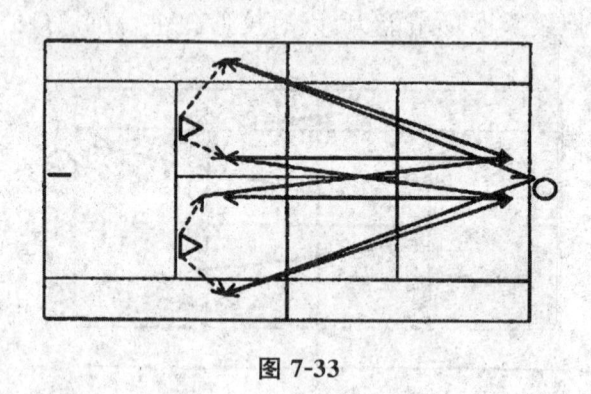

图 7-33

2. 截击凌空球或高压球战术训练

一对二训练,在中场或近网进行截击凌空球练习,以提高运动员在网前快速对抗中的反击能力及击球和控球能力(图 7-34)。

图 7-34

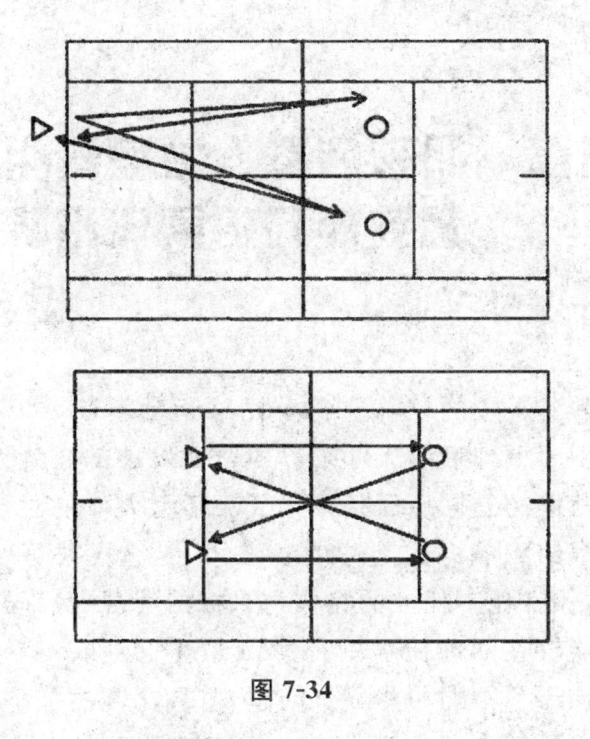

3. 限区破网或近网截击战术训练

双打训练，以双打运动员的站位为准，以中线和双打边线为限进行半区的底线穿越对中场或近网的截击训练（图 7-35）。

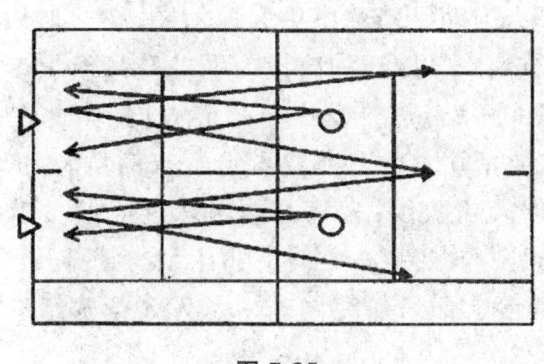

图 7-35

第八章　网球后备人才竞赛组织和裁判能力培养与提高

网球后备人才的培养要符合网球运动不断发展的新需求，在新形势下将网球后备人才培养成全面发展的新型人才。竞赛组织与执裁能力是网球后备人才成为新型人才的必备素养。拥有良好竞赛组织能力的网球后备人才，能够根据赛事需要有序组织赛事，保证比赛任务的完成与目标的实现；裁判知识丰富的后备人才能够在网球比赛中有意识地避免犯规和不当行为，并明锐地发现比赛中的一些不良问题，监督比赛的公平公正性；裁判能力强的后备人才在运动生涯中能够胜任裁判员的角色，以专业的素养与高尚的精神保证网球竞技比赛的公平性。此外，近年来随着我国网球比赛的频繁举办，对网球赛事组织者与裁判员的综合素质提出了更新、更高的要求，为了提高我国网球运动的竞技水平，推动网球赛事更好地发展，必须加强对优秀网球赛事组织者与裁判员队伍的建设。网球赛事组织者与裁判员是网球后备人才的一个重要发展与培养方向，因此在网球后备人才培养阶段，要密切关注对其赛事组织与裁判能力的培养，使其能够充实网球人才队伍，为我国的网球事业做贡献。本章重点从网球竞赛规则与裁判法、网球赛事组织与编排及网球后备人才执裁能力培养等方面来研究网球后备人才竞赛组织和裁判能力培养与提高。

第八章 网球后备人才竞赛组织和裁判能力培养与提高

第一节 网球竞赛规则与裁判法

一、网球竞赛规则

网球竞赛规则是网球竞赛的"法则",由国际网球联合会制定。随着网球运动的发展,网球竞赛规则也越来越完善。本节结合 2016 年国际网球联合会修订的《网球竞赛规则》并参考中国网球运动协会的翻译来阐述网球竞赛规则,限于篇幅,仅选择其中几项基本规则。

(一)场地与器材

1. 场地

网球比赛用的是长方形场地,单打比赛场地与双打比赛场地的长均为 23.77 米(78 英尺),但宽度不同,前者为 8.23 米(27 英尺),后者为 10.97 米(36 英尺),如图 8-1 所示。

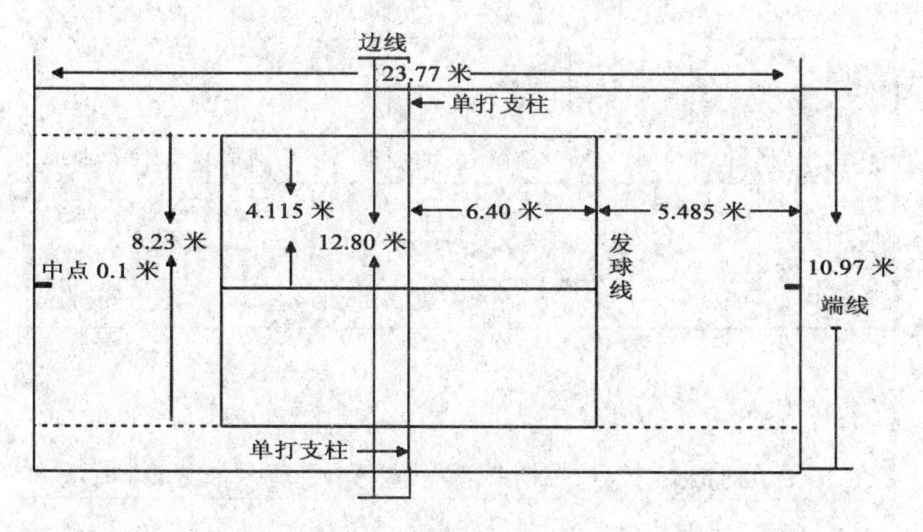

图 8-1

2. 永久固定物

网球比赛场地的永久固定物包括后挡网、侧挡网、座位、看台,以及场地周围和上方的固定物。此外裁判员、司线员、球童、观众等处于各自的规定位置,也属于永久固定物。

网球比赛规定,在双打场地进行单打比赛时,永久固定物还包括网柱、单打支柱以外的球网。

3. 球

比赛用球表面由纺织材料包裹而成,颜色是白色或黄色。如果有接缝,不应当有缝线。

正式网球比赛中,比赛规则指定的网球用球有多种类型,不同类型的用球都要符合统一的要求,见表 8-1。

表 8-1　网球比赛用球要求①

		快速球	中速球	慢速球	高海拔用球
重量	盎司	1.975~2.095	1.975~2.095	1.975~2.095	1.975~2.095
	克	56.0~59.4	56.0~59.4	56.0~59.4	56.0~59.4
直径尺寸	英寸	2.575~2.700	2.575~2.700	2.570~2.875	2.575~2.700
	厘米	6.541~6.858	6.541~6.858	6.985~7.303	6.541~6.858
弹性	英寸	53~58	53~58	53~58	48~53
	厘米	135~147	135~147	135~147	122~135
向内变形	英寸	0.195~0.235	0.220~0.290	0.220~0.290	0.220~0.290
	厘米	0.495~0.597	0.559~0.737	0.559~0.737	0.559~0.737
反弹变形	英寸	0.265~0.360	0.315~0.425	0.315~0.425	0.315~0.425
	厘米	0.673~0.914	0.800~1.080	0.800~1.080	0.800~1.080

4. 球拍

球拍包括拍头、拍杆、拍柄三部分,各部分的构成如图 8-2 所示。

① 中国网球协会. 网球竞赛规则 2016[M]. 北京:人民体育出版社,2016.

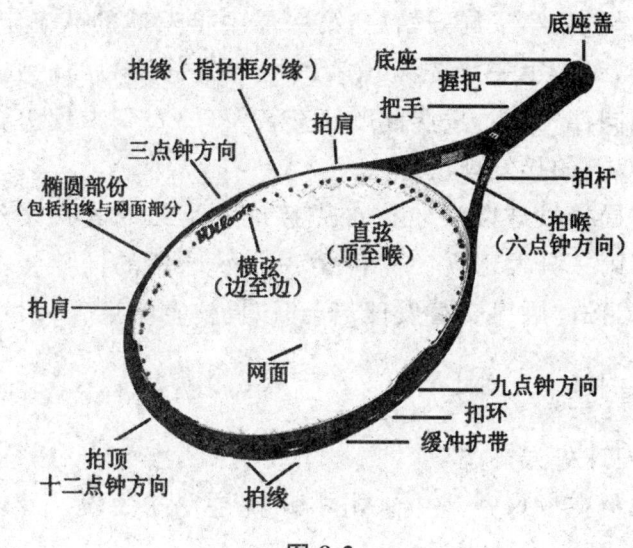

第八章 网球后备人才竞赛组织和裁判能力培养与提高

图 8-2

球拍的规格参数如下：
(1)总长度(包括拍柄)不超过 73.7 厘米(29 英寸)。
(2)总宽度不超过 31.7 厘米(12.5 英寸)。
(3)击球平面总长度不超过 39.4 厘米(15.5 英寸)。
(4)击球平面总宽度不能超过 29.2 厘米(11.5 英寸)。

球拍尺寸必须合理，不应将附属物装在球拍框上，可以用少量布条缠绕在拍柄，目的是防止震动、弦线磨损、撕拉。

(二)发球、接发球

1. 发球时的规定

发球过程中，发球员不得行走或跑动，只能站在规定位置。

2. 发球、接发球次序

(1)发球次序。
单打比赛中，常规局之后，本局发球员在下一局则应为接发球员，本局接发球员在下一局为发球员。

双打比赛中，每一盘第一局开始后，先发球的队决定谁先发

· 243 ·

球。同时规定,第二局开始后,第一局中接发球的队确定发球者。第三局开始后,第一局先发球者的同伴发球,第四局由第二局先发球者的同伴发球。按照此顺序交替发球,直到本盘比赛结束。

(2)双打的接发球次序。

第一局接发球队决定由谁先接球。第二局先接发球的队的对手决定第一分发球者。先接第一分发球者的同伴接本局的第二分发球,按此顺序交替发球,直到该局比赛结束。

3. 发球失误、无效

(1)发球失误。

发球员在发球过程中未击中球就是发球失误。发球员出现以下情况,视为发球失误。

①未击中球。
②违反发球规则、程序或出现脚误。
③球触地前碰到永久固定物、支柱或网柱。
④球触到本队运动员身体或穿戴物品。

发球员在发球失误一次后可发第二次球。

(2)发球无效。

发球运动员发球触网,但接球员没有做好接球准备,这就是发球无效。发球无效应重发球。

4. 交换发球

(1)第一局比赛结束,发球员、接发球员角色互换。
(2)以第一局为基础,以后每局发球员与接发球员角色互换,直到此局比赛结束。

(三)双打比赛

1. 双打接球次序

(1)第1局,先接球的一方决定接发球员,接发球员负责本盘的单数局优先接发球。

(2)第2局,后接球方决定接发球员,接发球员负责本盘的双数局优先接发球。

2. 双打还击

接发球后,双方应轮流由其中任一名队员还击。网球比赛中,运动员同伴击球后以球拍触球的,判对方得分。

(四)计分方法

男子戴维斯杯、四大满贯、奥运会决赛是五盘三胜制,其余比赛均为三盘两胜制。女子不论什么比赛均为三盘两胜制。

1. 一局数

(1)每胜1球得1分,先胜4分者胜1局。
(2)双方各得3分时为平分,之后,净胜两分为胜1局。

2. 一盘数

(1)一方先胜6局为胜1盘。
(2)双方各胜5局时,一方净胜两局为胜1盘。

3. 胜局计分制

在每盘的局数为6平时,有以下两种计分制:
(1)长盘制:一方净胜两局为胜1盘。
(2)短盘制,又称"抢七"。

4. 一局中的计分

(1)常规局。

在常规局比赛中,报分时应先报发球员比分,计分如下:
①无得分——0。
②第一分——15。
③第二分——30。

④第三分——40。

⑤第四分——一局比赛结束。

比赛中,如果两名运动员/队都获得了三分,则比分为"平分"。"平分"后,先连续获得两分的运动员则赢一局。

(2)平局决胜局。

网球运动比赛规则规定,在平局决胜局中,通常使用0、1、2、3分等来计分。

网球比赛中,运动员先赢得7分,同时净胜对手两分,则赢得本局(盘)比赛。决胜局的情况必须是运动员净胜对方两分。

二、网球裁判方法

(一)网球裁判员工作状态及手势

网球比赛中,裁判员工作状态及手势动作见表8-2。

表8-2 裁判员工作状态及手势动作

判定	执行者	动作方法
允许发球	主裁判	目光注视发球方。并在其击球前对接球方准备情况进行检查,然后继续注视发球方
出界(远边线)	主裁判	目光注视失误方,球出远边线,食指伸出微晃,报出比分
出界(近边线)	主裁判	目光注视失误方,球出近边线,拇指伸出,报出比分
界内球	主裁判	目光注视失误方,同时手掌伸出向下按,报出比分
准备姿势	司网裁判	眼看、耳听、手触,及时、准确判罚(在椅子上端坐,上肢与球网靠近,眼睛、耳朵与网带上沿贴近,同时手指轻轻碰触网带)
擦网	司网裁判	及时呼报,同时上体端坐,向上举一只手,掌心与主裁判相对
准备姿势	发球线或端线裁判	在椅子上端坐,上体向前倾,双手放在膝上,目视所司之线,用余光留意对方击来的球

第八章 网球后备人才竞赛组织和裁判能力培养与提高

续表

判定	执行者	动作方法
界内	发球线或端线裁判	上肢前倾,双手并拢,手背向上放在两腿间,停留片刻,让主裁判看到
界外	发球线或端线裁判	一手放在同侧膝盖上,另一手臂侧展,将球"出界"或"失误"方向指出来,掌心与主裁判相对,让主裁判看到。目光注视主裁判(硬地)或球印位置(沙土地)
更正	发球线或端线裁判	一手继续放在同侧膝处,另一手臂向上伸展,将球"出界"或"失误"方向指出,掌心与主裁判相对,保持片刻让主裁判看到。同时,目光注视主裁判(硬地)或球印位置(沙土地)
放松姿势	站立司线裁判	挺胸抬头,立腰直背,目光注视前方。两脚开立,手放在身后
准备姿势	站立司线裁判	两脚开立,手放在膝盖处,抬头俯身,目光注视所司之线
出界或失误	端线裁判或司线裁判	一手继续放在同侧膝上,另一手臂侧伸,将球"出界"或"失误"方向指出来,掌心与主裁判相对,停留片刻,让主裁判看到。同时,目光注视主裁判(硬地)或球印位置(沙土地)
好球	站立司线裁判	双手并拢,目视主裁判,让主裁判看到。凡是线内1米范围的好球,都应有手势
未看见	站立司线裁判	双手并拢置于面前,停留片刻,让主裁判看到

(二)裁判长

网球比赛中,裁判长的主要职责如下:

(1)比赛现场终审仲裁者,对竞赛规程、竞赛准则及由此产生并需要在现场判定的一切问题,都有解释权和处理权。

(2)赛前做好学习安排,使全体裁判员对相关规则和程序能全面了解。

(3)指定能履行职责的裁判组长。

(4)对每场比赛的主裁判员和司线员进行安排。
(5)保证场地、网球及网柱符合竞赛规则要求。
(6)赛前决定并通知参赛者比赛的条件。
(7)安排预选赛和正选赛的抽签。
(8)安排每日比赛,做好日程安排。
(9)比赛中调查"违反行为准则"的事实,并进行处罚。

(三)主裁判

主裁判主持比赛的裁判工作,主要职责如下:
(1)准备基本工具。
(2)做好比赛准备工作:检查单打支柱、球网高度、主裁座椅位置、司线员座椅位置、网球及其他物品。
(3)召开运动员赛前会议。
(4)在记分表上登记胜方的得分,在运用请求报分时也可报分。呼报分数的方式遵循国际网联报分程序。
(5)比赛结束后,宣报获胜方。
(6)若司线员呼报有明显错判,主裁判及时更正。
(7)保证比赛持续进行。
(8)当下雨和场地状况不适应比赛或当场地光线不足时,主裁判宣布推迟比赛,但要定在一盘结束或局数比分平分时。
(9)换球并判断用球是否符合比赛要求。
(10)比赛结束后不要与运动员交流。
(11)填写完记分表后交于裁判长。

(四)司线员

司线员是影响网球比赛中裁判工作质量的关键因素,主要职责如下:
(1)选择视角好的位置,观察所司之线,如果接球方挡住了视线,应适当调整。
(2)完成所负责线上的所有呼报。

第八章　网球后备人才竞赛组织和裁判能力培养与提高

(3)因运动员阻挡视线而没看见落点,应迅速做出相应手势。

(4)错判后立即更正。

(5)负责端线、边线或发球中线时,注意呼报"脚误"。

(6)负责司网时,应呼报"擦网"球。

(7)运动员违反行为准则的言行未被主裁判看到或听到时,司线员及时向主裁判报告。

(8)未经主裁判允许,不得离场。

(五)司网裁判

网球比赛中,坐在网柱旁的裁判员就是司网裁判员。其工作主要有以下几点:

(1)运动员发球时手放在钢丝绳上,发球结束手离开。注意脚不应伸入场区内。

(2)发球擦网呼报"擦网"然后一手上举。

(3)击出的球穿网而过呼报"穿网"。

(4)帮助主裁判员换球,新球交给拾球员,旧球收回。

(5)每盘结束时,丈量网高。

第二节　网球赛事组织与编排

一、网球赛事组织

网球赛事主办单位应以竞赛工作计划安排为依据有序开展竞赛相关工作。竞赛的组织工作复杂而又细致,涉及面广,它对竞赛的顺利进行、竞赛任务的完成起到关键的决定性影响。一般可以将竞赛的组织分为下面三个阶段:

(一)赛前筹备工作

网球比赛主办单位应以竞赛的性质、规模为依据将各有关部门召集起来共同商讨对赛事领导机构——组织委员会的建立。然后向领导机构提交赛事组织方案、章程、计划、组织机构等重要问题,由其审定。

具体来说,赛前筹备工作主要包括以下几方面:

1. 讨论和确定组织方案

以竞赛工作计划、竞赛性质等为依据将组织方案确定下来。一般包括以下内容:

(1)竞赛名称。

确定竞赛名称要以上级提出的比赛任务和要求为依据。

(2)竞赛规模。

以竞赛目的、任务为依据确定赛事规模大小,包括主办单位、举办时间与地址、参赛单位、参赛人数等。

(3)竞赛组织机构。

从实际需要出发建立组织机构,内容主要包括竞赛组织形式、工作人员名单、下设工作机构及各机构负责人等。

(4)竞赛经费预算。

根据比赛实际需要进行经费预算,但要勤俭节约。内容包括修建比赛场地的经费预算,器材设备、交通、食宿、奖品、医药等各项经费预算。

2. 成立组织机构

根据实际需要确立组织机构的形式与规模。一般来说,国家体育总局和省市级体育主管部门主要承办全国性或地区性竞赛,基层单位竞赛由基层单位党政组织领导,领导机构由部门相关负责人组成。

组织委员会建立后,以竞赛规模和需要为依据确定人数。下面设立办公室、宣传、后勤、保卫以及仲裁委员会等相关部门。

3. 各部门分工与职责

按计划给各部门分工,以保证大赛顺利进行。各部门分工要

第八章 网球后备人才竞赛组织和裁判能力培养与提高

明确,各司其职,但也要做好协作与配合工作,共同努力促进竞赛任务的完成。

具体部分即分工如下:

(1)组织委员会。

竞赛的全部工作均由竞赛组织委员会负责。在网球竞赛中,组委会是权力机构,由各方面的领导组成,这样各方面的工作问题解决起来更容易。

组织委员会的主要职责有以下几点:

①掌握竞赛方针,对竞赛规程进行研究并批准。

②对竞赛的所有工作计划进行研究并批准。

③赛前听取赛事相关筹备工作的汇报,解决有关问题,赛后听取总结,处理问题。

(2)办公室(或秘书处)。

这是组织委员会的日常办事机构,主要职责如下:

①组织委员会会议。

②制定规章制度与各种须知。

③制定预算。

④开展赛前动员工作。

⑤组织开幕式和闭幕式工作。

⑥组织召开代表队领队会议。

⑦对各组之间的问题统一解决。

⑧负责大会总结。

⑨组织经验交流活动。

⑩负责对外联系等。

(3)竞赛部门。

竞赛部门的主要职责如下:

①负责裁判工作。

②编印秩序册。

③准备场地和器材。

④召开裁判长、教练员联席会议。

⑤赛中召开有关会议,解决问题。

⑥组织座谈会。

⑦排列比赛名次等。

(4)宣传部门。

大会的宣传报道工作主要由宣传部门负责,具体职责如下:

①对通讯报道与编辑会刊进行组织。

②将各种宣传材料准备好。

③根据需要对参观等活动进行组织。

④对评选先进集体和先进个人的条件和细则进行制定等。

(5)后勤部。

比赛场地的所有准备工作都由后勤部负责,具体职责如下:

①场地及设备的清扫及维修

②器材的添置、安装。

③广告安置。

④物质准备和生活管理等。

(6)仲裁委员会。

仲裁委员会相关工作的开展由组委会领导。复审赛中执行竞赛规则、规程中发生的纠纷是仲裁机构的主要任务。仲裁委员会根据申诉及书面报告进行调查,召开会议讨论并决定如何处理纠纷。

比赛结束后,撤销仲裁机构。

4. 制定竞赛规程

竞赛工作的开展要以竞赛规程为依据,竞赛规程的制定要依据竞赛的要求而进行。一般包括比赛名称,目的、任务和要求,日期和地点,参赛单位,竞赛办法等内容。必须认真设计各项规程内容。

5. 制订工作计划

以竞赛组织方案为依据制订各项具体工作计划与日程。各部门拟定出本职责范围内的工作日程。

（二）赛中工作

竞赛期间要做好以下工作：

（1）对运动员进行思想教育，使其尊重裁判员，正确对待比赛结果与观众。

（2）场地组应经常检查比赛场地、器材和设备，做好设施管理工作。

（3）大会有关人员深入参赛队伍中，广泛征求与听取意见，及时改进工作。

（4）各部门经常与各队联系，必要时召开联席会议（领队、教练员、裁判长），对赛中问题及时处理和解决。

（5）保卫部门做好安全和秩序管理工作。

（6）积极宣传赛事。

（7）特殊情况下要对比赛日期、时间和场地进行调整时，竞赛组及时向有关部门和参赛队发出通知。

（8）认真组织好闭幕式、总结等工作。

（三）赛后工作

网球比赛结束后，还要做一些赛后整理与完善性工作。具体包括以下几点：

（1）组织闭幕式，做好总结报告。

（2）安排和办理各队离会事宜。

（3）向上级汇报赛事情况。

二、网球赛事编排

（一）制定竞赛规程

1. 比赛制度

常用的比赛制度有单淘汰制、单循环制、分组循环制、混合制四种,具体要以参赛人数决定采用哪种比赛制度。

(1)单淘汰制。

按一定比赛秩序编排所有的参赛选手,相邻两个选手进行比赛,胜者进入下一轮,负者淘汰,这就是单淘汰制。

例如,8人的比赛采用单淘汰制,方法如图8-3所示。

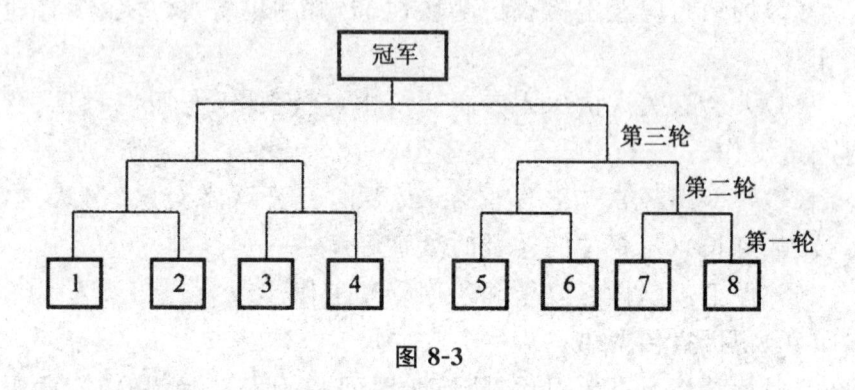

图 8-3

比赛轮数:$2^3=8$,要比三轮。

比赛场数:8(参赛人数)-1=7。

上面是参赛人数为偶数时的方法,下面分析参赛人数为奇数的方法案例。

例如,参赛选手15名,甲队4人(甲1~4),乙队4人(乙1~4),丙队3人(丙1~3),丁队2人(丁1~2),戊队1人(戊1)、己队1人(己1)。甲1是1号种子,乙1是2号种子,甲2是3号种子,丙1是4号种子。选用16号签位表,轮空1个,2号位轮空。

1、2号种子分别进1号位和16号位。

3、4号种子分别进12号位、5号位。

甲3、甲4抽签进入2/4区、4/4区。

乙2、乙3、乙4抽签进入1/4区、2/4区、3/4区(图8-4)。

丙2、丙3抽签进入1/4区、3/4区(图8-5)。

丁1、丁2抽签进入上半区、下半区(图8-6)。

戊1、己1可进任意区域(不能进已满的区)(图8-7)。

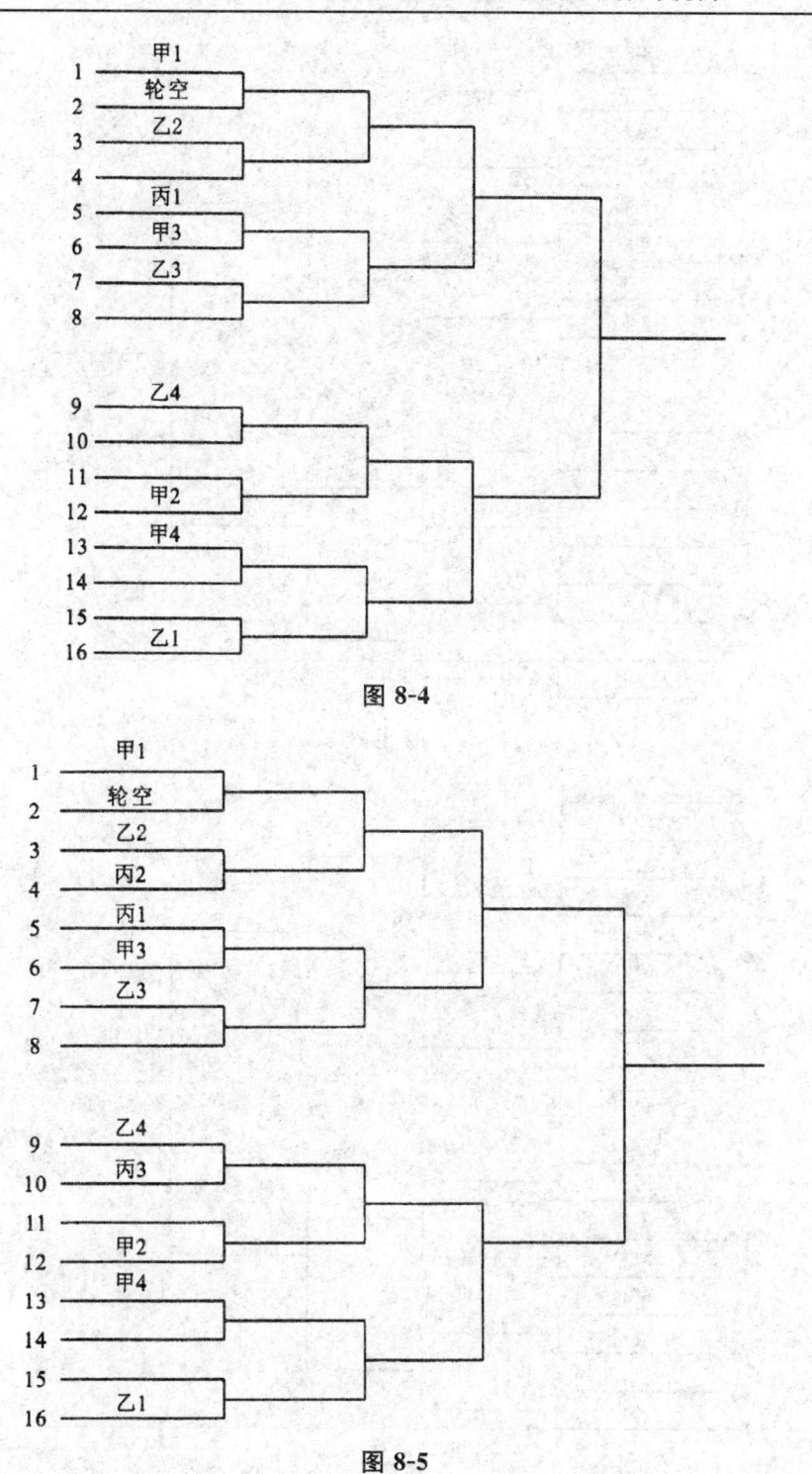

第八章 网球后备人才竞赛组织和裁判能力培养与提高

图 8-4

图 8-5

图 8-6

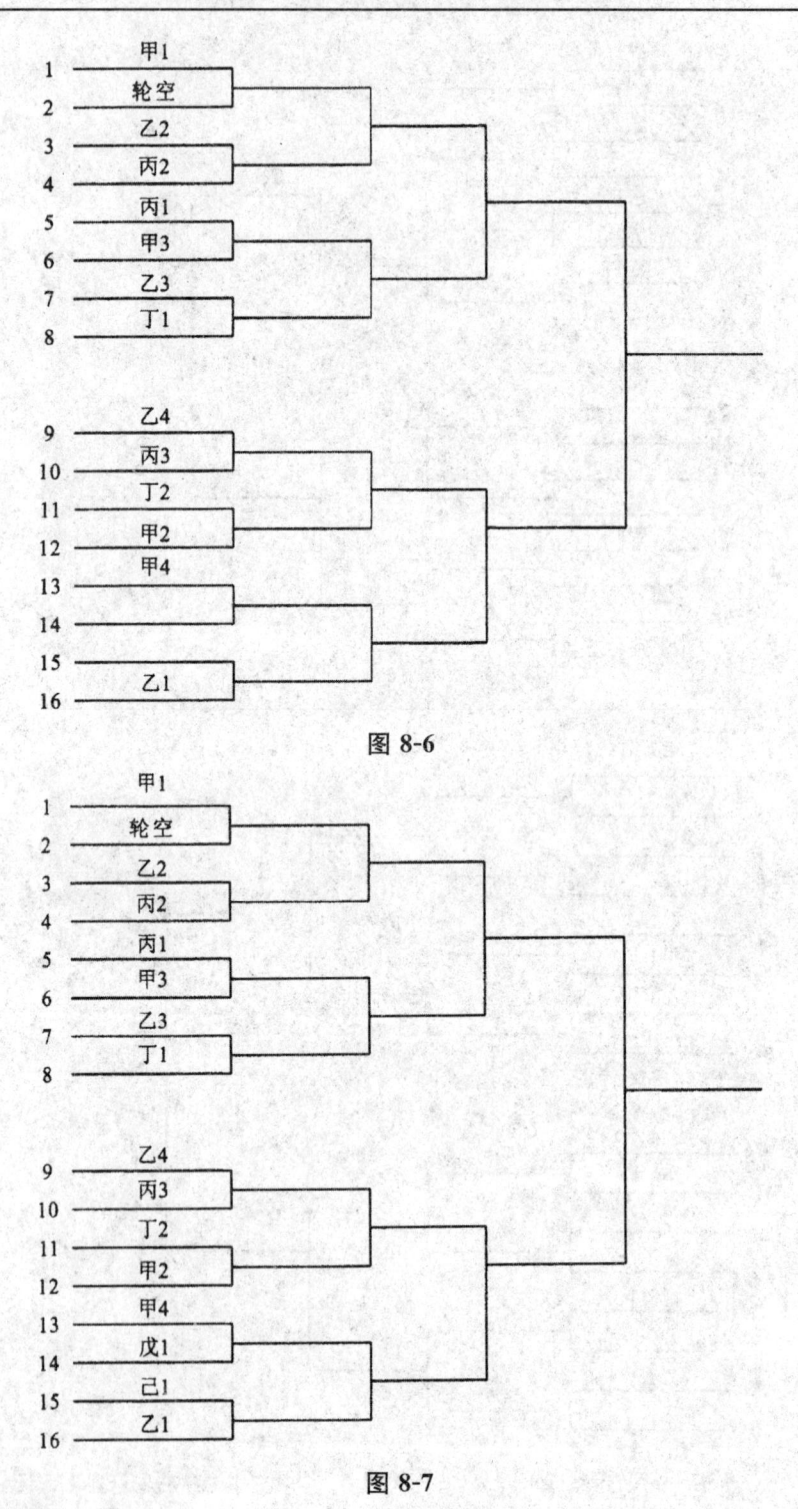

图 8-7

第八章 网球后备人才竞赛组织和裁判能力培养与提高

上例中共 15 场球,第 1、2、3、4 轮分别有 7 场、4 场、2 场、1 场球。

短时间内安排大量选手参赛是这个参赛制度的主要优势,但最终的名次缺乏准确性。

(2)单循环制。

单循环制就是参赛选手都彼此赛一次。8 人单循环比赛顺序见表 8-3。

表 8-3　单循环赛程

第一轮	第二轮	第三轮	第四轮	第五轮	第六轮	第七轮
1—8	1—7	1—6	1—5	1—4	1—3	1—2
↙↑	↙↑	↙↑	↙↑	↙↑	↙↑	
2—7	8—6	7—5	6—4	5—3	4—2	3—8
↓↑	↓↑	↓↑	↓↑	↓↑	↓↑	
3—6	2—5	8—4	7—3	6—2	5—8	4—7
↓↑	↓↑	↓↑	↓↑	↓↑	↓↑	
4—5	3—4	2—3	8—2	7—8	6—7	5—6
→	→	→	→	→	→	

比赛轮数:8(参赛人数)-1=7。

比赛场数:8(参赛人数)×(8-1)/2=28。

下面再分析 6 名选手参赛的比赛方法,以进一步了解单循环制。

第一轮　第二轮　第三轮　第四轮　第五轮
　1—6　　1—5　　1—4　　1—3　　1—2
　2—5　　6—4　　5—3　　4—2　　3—6
　3—4　　2—3　　6—2　　5—6　　4—5

按照这个比赛顺序,如果有种子,1 号种子、2 号种子分别进 1 号位和 2 号位,最后 1 轮比赛中包括 1 号种子对 2 号种子的比赛,在比赛最后安排优秀选手的比赛,能够制造悬念,吸引观众的注意力。

参赛人数为奇数时,编排方法也是如此,只是增加一个"0"号,与"0"号相遇就是这一轮的轮空数。

第一轮　第二轮　第三轮　第四轮　第五轮
1—0　　1—5　　1—4　　1—3　　1—2
2—5　　0—4　　5—3　　4—2　　3—0
3—4　　2—3　　0—2　　5—0　　4—5

这种比赛制度能够为运动员争取较多的比赛机会,而且比赛名次准确性高,但比较耗时间。

(3)分组循环。

分组循环是单循环制的一个重要形式,第一阶段先分几个小组进行单循环赛,然后第二阶段各组同名次的队(人),进行单循环赛,排出全部名次。

例如,12名选手参赛,分 A(甲1、甲2、甲3、甲4)、B(乙1、乙2、乙3、乙4)、C(丙1、丙2、丙3、丙)3个小组,小组前2名出线,各组第1名通过单循环决出前三名;各组第2名通过单循环决后面的名次。

(4)混合制。

混合制是一种淘汰制与循环制交替采用的编排方式。这种方式结合了淘汰制、循环制的优势,更有利于比赛的顺利进行和比赛结果的公平性。

例如,16名参赛选手,分4组,每个小组前2名出线,交叉淘汰,决出前四名(图8-8)。

2. 接受报名

接受报名的任务具体有以下两项:
(1)按报名先后顺序填写报名表。
(2)对参赛运动员的项目、年龄等进行审查,判断是否与规程要求相符。

3. 安排练习场地,做好抽签准备

赛前为各参赛队安排好训练场地,有关部门尽可能贯彻机会

第八章　网球后备人才竞赛组织和裁判能力培养与提高

均等的安排原则。

抽签准备工作包括以下两项：

(1)准备抽签用具。

(2)抽签实习。

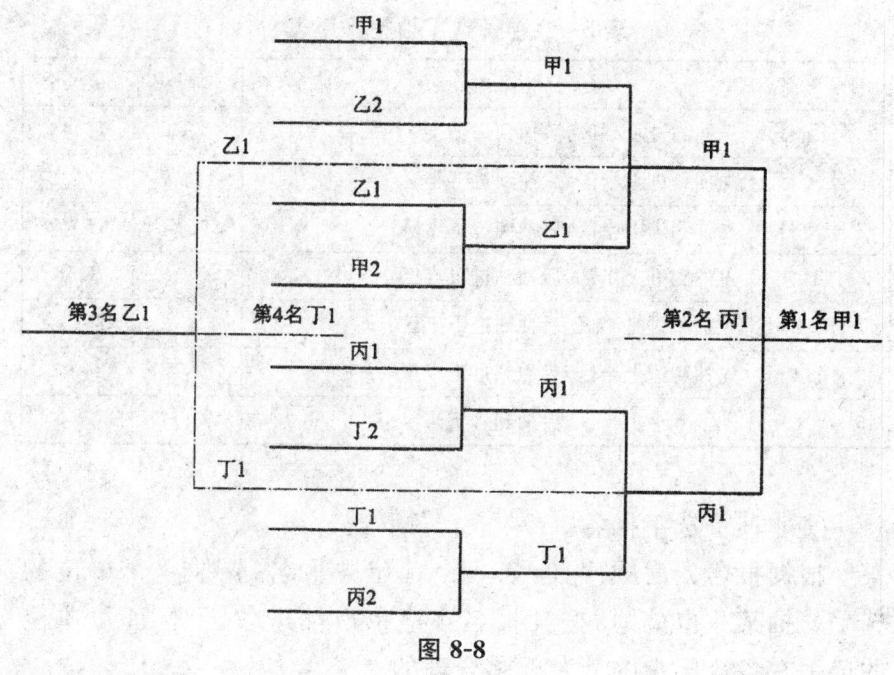

图 8-8

4. 抽签

(1)单循环赛抽签。

①大循环比赛。

根据报名的先后顺序,将各参赛选手在秩序表中的序号依次抽出,以确定比赛的前后秩序。

②分组循环。

首先,将种子抽到各组中。

其次,将各选手报到各组中。

最后,抽出各组中各选手的序号。

(2)单淘汰赛抽签。

先抽种子,种子数目与参赛人数之比为1∶4,如果参赛人数不是2的乘方数,种子数目要比参赛人数的2的乘方数的1/4稍大,假如参赛者共28人,应设8个种子。

①种子选手抽签。

1号和2号种子分别在1号位、16号位,然后3号种子和4号种子再抽;5、6、7、8号种子最后抽。种子位置号见表8-4。

表8-4 种子选手抽签排序表

种子号数	上、下半区	16号位	32号位	64号位
3号、4号	先抽到进上半区,后抽到进下半区	5、12	9、24	17、48
5号、6号	先抽到进上半区,后抽到进下半区		16、17	32、33
7号、8号	先抽到进上半区,后抽到进下半区		8、25	16、49
9号、10号	先抽到进上半区,后抽到进下半区			9、56
11号、12号	先抽到进上半区,后抽到进下半区			25、40
13号、14号	先抽到进上半区,后抽到进下半区			24、41
15号、16号	先抽到进上半区,后抽到进下半区		18、57	

②非种子选手抽签。

根据报名先后顺序抽,如4个单位先报名,先抽4个单位的选手。抽某一单位时,按其报名顺序依次抽进各区,保证每单位的选手在各个区内的分布都是合理的。

如果参赛人数不是2的乘方数,就有位置空着,即轮空。确定非种子进区和轮空位置后,最后再进行一次抽签,让所有参赛选手进位。

5. 编排比赛秩序

依据抽签结果,安排各项目比赛(单打、双打等)秩序,各单位和选手都应清楚比赛秩序。一般先安排团体赛,然后是单项赛。

6. 结束工作

(1)记录、公开成绩。

(2)做好资料归档工作。

(3)写关于赛事的书面总结报告。

（二）编排秩序册

确定各项比赛的参赛人数后,开始编排比赛日期、比赛时间、比赛场地等内容。

1. 规则

(1)既有单项赛又有团体赛时,在单项赛开始前,团体赛必须结束。两项赛事间安排一天休息时间。
(2)一天内既有单打比赛又有双打比赛时,先单打,后双打;一般一单一双,最多一单两双。
(3)在每天的场次安排中,男女项目可交叉安排。
(4)优秀运动员的比赛尽可能安排在中心场地。
(5)尽可能保证参赛运动员在每个场地上都打过比赛,即比赛场地不固定。

2. 基本原则

(1)各参赛队员不管强弱,都要一视同仁地对待他们,确保机会均等。
(2)应有助于运动员竞技实力的充分发挥。

3. 准备步骤

(1)以竞赛规程为依据对抽签方案进行制定。
(2)将各比赛项目的种子顺序和名单列出。
(3)抽签准备。
(4)全面检查抽签准备工作。
(5)正式抽签。

4. 常用比赛方法

(1)将参赛人数确定下来。
(2)将种子人数和轮空数确定下来。

（3）抽签。先抽种子选手；将轮空位置确定下来；非种子选手编号；非种子选手抽签入位。

5. 佩奇制赛制

各小组前两名进入前四名后，两小组展开第一对决，胜者直接获得参加决赛的资格，负者与两个小组第二对决的胜者进行比赛，继续争取参加决赛的资格。

如图 8-9 所示，按顺序淘汰第一阶段循环产生的前四名或分组产生的各组前两名。

佩奇制赛制的优势在于参赛选手如果失手，还有一次参赛机会。该赛制的劣势在于可能一两天内与同一队伍连续比赛。

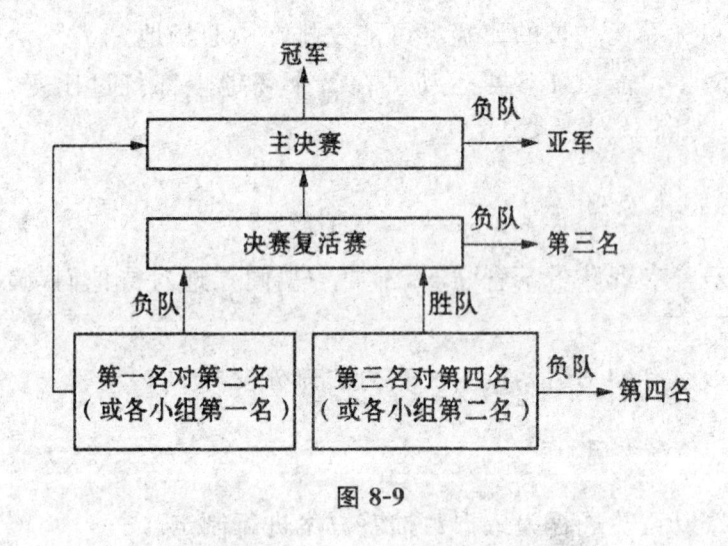

图 8-9

第三节 网球后备人才执裁能力培养

本节主要对网球后备人才执裁能力的培养进行分析与研究。

第八章 网球后备人才竞赛组织和裁判能力培养与提高

一、网球后备人才执裁能力的培养现状分析

(一)培训途径调查分析

在体育竞赛中,以竞赛规则和规程为依据对参赛者成绩、胜负和名次进行评判的体育工作人员就是体育裁判员。在体育战线中,体育裁判员队伍是一支非常重要的力量,他们的工作具有业务性强、应变性和适应性要求高等特点,竞赛工作能否顺利进行直接受裁判员工作质量好坏的影响。作为我国大批量培养国家体育人才的主要基地,体育院校长期肩负着为我国体育运动培养裁判员的职责,以推动各项目的开展。体育院校培养出来的裁判员有很多都是网球二级裁判,因此调查与研究体育院校网球专项学生网球裁判员培训途径具有现实意义。

1. 培训学习的方式

通过调查体育院校网球专项学生进行裁判学习的方式发现,在调查对象中,只有极少数的学生在网球培训中同时接受了理论培训和实践培训,而只接受理论培训或只接受实践培训的学生占绝大多数,甚至还有没有参与任何培训的学生,可见,理论与实践相结合的培训原则在体育院校现有的网球裁判培训体制中还未得到有效的贯彻,有待进一步完善。

2. 裁判课课时调查

调查发现,在所调查的188名体育院校网球专项学生中,仅有10%的学生每年参加6次以上学校举办的裁判员讲座或培训,参加1~2次的居多,占63%,参加3~5次的也比较少,只有15%,一次都没有接受过裁判员讲座或培训的学生占12%(表8-5)。可见,学生参加网球裁判员讲座或培训的次数非常有限,所以对相关知识的掌握与理解并不透彻、全面。体育院校应

该针对网球专项学生多为其提供参加网球裁判员讲座和培训的机会,以此丰富学生的裁判理论知识,更新学生的知识结构。

表8-5　网球专项学生每年参加裁判员讲座或培训的次数调查(n=188)[①]

参加次数	人数	比例
0次	22	12%
1~2次	119	63%
3~5次	29	15%
6次及以上	18	10%

3.获得裁判实践机会的途径调查

网球专项学生不仅要掌握网球裁判理论知识,还要多通过在实际比赛中担任裁判员角色来积累实践经验,这样才能将已掌握的裁判理论知识和执裁技巧运用到实战中,做好比赛的执裁工作。

通过调查体育院校网球专项学生获得网球裁判实践机会的途径,发现途径比较多,选择网球课教学小比赛这一途径的有156人,占82%;选择校级网球比赛的有113人,占60%;选择业余网球比赛的有76人,占40%;选择省、市级网球比赛以及兼职的分别占25%和31%。可见,通过前两种途径获得裁判实践机会的学生较多,后三种途径比较少。总体来看,网球专项学生外出执裁的机会有限,这严重影响了网球后备人才裁判实践技能的发展与提高。

(二)网球教学现状

1.教学目标现状

"教学目标"在教学活动中的作用主要是导向。调查发现,现

[①] 陈娟.体育院校网球专项学生执裁能力的研究[D].武汉体育学院,2014.

第八章　网球后备人才竞赛组织和裁判能力培养与提高

阶段我国体育院校在网球专项学生的网球教学中,确立的裁判教学目标是通过教学,使学生对网球基本规则、裁判法、执裁技能进行了解与掌握,获得对基层网球比赛编排组织的能力。这样笼统的教学目标不利于发挥教学目标的导向功能,也不利于考核学生在裁判知识与技能方面的学习成绩。

2. 教学内容现状

通过对我国体育院校网球专业课程设置情况进行调查后发现,理论课教学以人体相关学科为主,学术科教学以竞技体育项目为主,而并不注重竞赛组织编排、裁判工作等方面的教学。

在网球教学内容中,主要内容为网球技战术,很少涉及竞赛组织和裁判能力的教学,而且网球裁判理论课时非常少,仅靠少数几个学时的裁判教学,学生是无法对网球竞赛规则和裁判法有一个很好的掌握的,学生的网球执裁能力也难以提高。

3. 教学方法现状

网球裁判是综合性评判技术,包括的内容比较丰富,如竞赛规则、裁判法、竞赛组织与编排以及记录等。

调查发现,体育院校在对网球专项学生网球裁判能力进行培养的过程中,采用的方法主要是先集中上网球裁判理论课,然后上网球裁判实践课。理论课主要给学生传授网球规则、网球技术用语、网球裁判员的职责、裁判程序以及赛事编排专用表格和比赛图解。实践课主要是安排学生基本裁判技能演练,但是,这种教学方法的实施效果并不明显。主要有以下几方面的问题:

(1)部分学生对裁判理论知识掌握得好,实践裁判能力差。

(2)有的重视裁判实践训练,对裁判理论知识的学习不重视。

(3)有的学生只了解主裁判的职责与工作程序,而忽略了司线员、记录员等重要裁判人员的职责与工作等。

通过进一步的咨询与调查得知,各院校根据不同的教学内容采取了不同的教学方法。例如,针对以规则发展、裁判等级标准、网球竞赛组织和编排、网球技术用语等为主的教学内容,主要采用理论课的教学形式教学,而对于以规则执行方法、裁判员临场配合和技术判断等为主的教学内容,采用的教学形式是理论结合实践,先讲解基本理论,再进行比赛实践操作。

4. 教学组织形式现状

调查发现,我国体育院校在培养网球专项学生的裁判能力方面。选择的教学形式主要有以下三种:

(1)集中教学。

在某一学期或某一阶段专门针对网球裁判课程进行教学。

(2)分散教学。

针对网球课程的安排,每个学期都安排裁判课程。

(3)随机教学。

在网球技战术教学中,根据需要将相应的网球裁判内容临时穿插进去。

大多数院校根据裁判教学的实际需要,对相应的教学类型作了合理安排,并将以上几种形式结合起来运用。

(三)学生裁判工作的受重视程度调查

体育院校网球专业学生执裁能力的培养直接受领导重视程度的影响。领导是在一定社会组织和群体内,为实现预定组织目标,领导者运用自己的权力和影响力对被领导者的行为产生影响,并将被领导者的行为导向组织目标的过程。领导必须具备以下要素:

(1)必须有下属或者追随者。

(2)必须拥有影响追随者的能力。

(3)领导行为具有明确目的。

(4)通过影响被领导者实现组织目标。

可见,领导是事物发展的前进方向,事物的发展方向、速度及质量直接受领导行为和心理倾向的影响。

第八章 网球后备人才竞赛组织和裁判能力培养与提高

通过调查我国体育院校校领导对网球专项学生裁判工作的态度后发现,认为校领导重视学生裁判工作的只有10%;认为重视的学生占14%,认为比较重视的占19%,共有57%的学生认为校领导对学生裁判工作不重视或无所谓。

体育院校领导对"提高学生网球执裁能力后对学校网球赛事发展有积极影响"这一作用没有正确认识,所以才不重视学生裁判能力的培养。还有一些体育院校领导虽然知道学生裁判能力的提高对学校网球的发展有利,但不愿花费时间和经费对裁判员进行培养,甚至还通过一些规章制度对裁判员自由发展的空间进行限制。

表8-6 体育院校领导对网球专项学生裁判工作的态度调查(n=188)[①]

态度	人数	比例
非常重视	19	10%
重视	26	14%
比较重视	35	19%
不重视	65	34%
无所谓	43	23%

二、加强网球后备人才执裁能力培养的建议

(一)理论培训与实践锻炼相结合

体育院校应多为网球专业学生提供理论知识培训的机会与途径,同时使学生有机会参加实践活动,使网球裁判爱好者的需求得到满足,实践能力得到提高。

---

① 陈娟.体育院校网球专项学生执裁能力的研究[D].武汉体育学院,2014.

（二）后备人才自觉学习，努力提高自己

体育院校网球专项学生应自觉学习，不断丰富自己的知识，课余时间多看一些网球裁判方面的书，将网球规则、裁判方法牢牢掌握，同时加强网球技战术的训练，多通过一些渠道参加比赛，做好裁判工作，积累实践经验。

网球专项学生执裁时应做好思想准备，保证体力充足，平时多看一些高水平的网球赛事，提高自身的能力，与高水平网球比赛的节奏相适应。

（三）建立科学的裁判能力考核与评价体系

体育院校应定期举办网球裁判员培训班，培训结束后，组织受训者参加理论考试，将网球规则、裁判法、网球知识竞赛等作为主要考试内容。

除理论考试外，还要安排实践能力考核，主要根据学生在网球比赛中的裁判工作表现考核其执裁能力，全面评价学生的执裁态度、表现能力和工作质量，最后根据最终的考核结果授予培训学员相应的等级证书和称号。

（四）加强网球裁判的心理训练

加强对体育院校网球专项学生的心理素质训练，学生应多看由优秀裁判员执裁的比赛视频，找机会与高水平裁判员进行交流，虚心学习与请教，从而不断树立自信。

（五）拓宽信息渠道，促进学生裁判员之间的相互交流

裁判员素质和能力的提高同样需要做好裁判工作信息交流方面的工作。通过信息沟通与交流，使学生裁判员对网球运动的最新发展动态有及时了解，对发展潮流和趋势进行掌握，学习他人的成功经验，共同对一些热点问题进行探讨，在工作方面交流

第八章 网球后备人才竞赛组织和裁判能力培养与提高

心得和体会,大胆发表自己的观点。

学院应采取各种形式和通过各种途径开展课余辅导,如组织学生对精彩的网球比赛进行观看;聘请相关方面的专家给学生讲课,通过各种强化培训促进学生网球裁判能力的提高。

参考文献

[1]胡柏平,郭立亚.网球运动教程[M].北京:高等教育出版社,2017.

[2]李明芝,高淑艳,刘积德.乒乓球、羽毛球、网球[M].北京:清华大学出版社,2015.

[3]刘青.网球运动教程[M].北京:人民体育出版社,2012.

[4]孙宗伟,郭同兵.我国大众网球的功能与发展现状[J].运动,2017(4).

[5]姚方向.我国竞技网球与大众网球协调发展研究[D].武汉体育学院,2014.

[6]郭开强,蒲娟,张小娥.网球教学[M].北京:科学出版社,2016.

[7]陈芳芳.体育强国战略下我国网球的发展方向和对策研究[D].北京体育大学,2012.

[8]侯邢晨.牡丹江师范学院网球运动项目发展现状及对策研究[J].新校园(上旬),2016(5)

[9]刘巍,付甲.近十年中国网球竞技实力提升的实证分析[J].广州体育学院学报,2013(6).

[10]吴蔷.中国竞技网球的举国体制和单飞模式的探讨——以李娜、郑洁、彭帅为例[D].扬州大学,2016.

[11]吴妮妮.四川省青少年网球后备人才培养现状及对策研究[D].成都体育学院,2016.

[12]陈芸.中美青少年网球运动员培养的比较研究[D].北京体育大学,2016.

[13]宁烨,樊治平.知识能力:演化过程与提升路径研究[M].北京:经济科学出版社,2007.

[14]郭胜伟,张稚鲲,谢松.大学生自主学习能力的培养与评价[J].江苏高教,2012(2).

[15]何基生.大学生自主学习能力的内涵、构成及培养[J].湖南科技学院学报,2012(5).

[16]陈娟.体育院校网球专项学生执裁能力的研究[D].武汉体育学院,2014.

[17]中国网球协会审定.网球竞赛规则2016[M].北京:人民体育出版社,2016.

[18]乔仁,李先国,黄念新.网球运动教程[M].南京:南京师范大学出版社,2005.

[19]周海雄,郑建岳,许强.网球运动员体能与心里训练手册[M].北京:人民体育出版社,2008.

[20]高亦扬,杨学勤,汤客.关于我国青少年运动员体育职业精神培养的研究[J].承德石油高等专科学校学报,2015,17(4).

[21]吴梅.试论运动员职业精神的培养[J].南京体育学院学报(自然科学版),2011,10(3).

[22]尹树来.网球运动理论与实践指导[M].北京:中国书籍出版社,2018.

[23]李海,陶李军.网球运动教学系统分析与创新研究[M].北京:中国纺织出版社,2018.

[24]熊建设.网球[M].重庆:重庆大学出版社,2018.

[25]何伟.网球基础教学与训练[M].上海:上海交通大学出版社,2013.

[26]罗晓洁.网球技术与教法[M].上海:同济大学出版社,2016.

[27]杨忠令.现代网球教程[M].杭州:浙江大学出版社,2011.

[28]谢成超,杨学明.大学网球教程[M].北京:化学工业出版社,2015.

[29]张丹.大学生网球运动开展与技能培养研究[M].北京:

中国商业出版社,2017.

　　[30]张伦厚.现代网球理论与技战术研究[M].北京:北京体育大学出版社,2017.

　　[31]王泽刚.网球运动实训教程[M].武汉:武汉大学出版社,2016.